DI INTERNAT
PA KRIMINALIDAT
AWOR UN BIDA

SPIRITUAL

JASMIN IGNACIA

Uitgever: Saved to Serve International Ministry

ISBN: 978-1-960509-03-1

CONTENIDO

Lukas 20:17
Ma Hesus a mira nan i bisa:
'Kiko e siguiente Skritura ta nifiká anto:
E piedra ku e trahadónan a rechasá,
a bira piedra prinsipal.

01

JASMIN

*N*a Breedestraat Hospital Otrabanda dia diesun di sèptèmber 1978 riba un djaluna, mi Mama a duna lus. Dies minüt pasá di dies mi a bira e di 123 persona ku a nase na Kòrsou e aña ei.

Despues di a keda purba promé tres biaha Mama a haña yu hòmber so. Mama a pensa ku un yu muhé lo hasié felis. El a stèns ku un yu muhé lo a kambia Tata. Manera e dicho ta bisa: "Yu muhé ta di tata". Mama nunka no a entregá su deseo pa haña un yu muhé, ni pa e echo ku e tabata sufri di suku. Tambe for di e embaraso di mi último ruman hòmber e situashon na kas no tabata di felisidat ni amor berdadero mas.

Esei tambe a siña mi un lès ku un yu ta un bendishon di Dios i no mester keda buska yu bou di preshon pa logra felisidat. Esei ta trese maldishon i frustrashon. Na final esaki ta fòrsa e relashon so. Un yu mester ta parti di stimashon.

Maske dòkternan a avisá Mama pa no sali na estado mas i evitá komplikashon, tòg ata mi aki. Ami ta esun mas chikí den mi tres ruman hòmbernan. E último yu di mi Mama.

Maske kuantu Mama tabata ke mi, na final solamente dos aña mi a biba ku mi mama. Nò, no ta mama mes a skohe pa laga mi bai, el a keda ku hopi tristesa ora nan a kita mi for di dje. Ami no tabatin tinu, ma Beibel ta bisa: ku fo'i den barika di mi Mama Dios a skohe mi, apesar di tur loke mi a pasa aden.

E nòmber "Jasmin", mi tanchi, ruman muhé mas chikí di mi tata a duna mi pasobra su mihó amiga tambe tabata yama Jasmin. Ántes mi no tabata gusta mi nòmber. E tabata kòrtiku i tabata mustra sin nifikashon pa mi. Anto mi tabata pensa ku e ta mas bien un nòmber pa un mucha muhé blanku. Pasó na chikí mi tabata wak 'cartoons' i "Jasmin" ta "prinsesa di Aladin den Asiria" i no na Kòrsou. Mi a kompará mi bida ku mi tabata bibando na chikí ku esun di e prinsesa i no tabata reflehá nada bunita.

Awor ku mi ta grandi mi nòmber tin un nifikashon bunita i m'a realisá ku e ta un flor blanku, suave i simpel. Nan ta us'e pa medisina, den kolonia i den te tambe. Mi bida tambe tabata manera mi a mira e flor akí; plantá, kriá, muhá, kòrtá, machiká i tirá afó na hopi okashon.

Mama i Tata tabata kasá tempu ku ami a nase. Pasobra ántes tabata tene masha kuidou ku tin pareha i haña yu sin ta den matrimonio. Mama tabata na barika di mi ruman hòmber mas grandi, p'esei Papai ni Mamai no a aseptá ku Mama i Tata no tabata kasá te pa nan haña yu. Esei a pone ku nan mester a kasa. Ántes e hende hòmber ta bin kas pidi man di e hende muhé ku e ke kuminsá algu kuné. Tiki Tiki ta sera konosí pa despues kasa i bai forma un bibá ku otro. Pues mi mama i tata mester a kasa mesora promé ke yu nase i keda huntu manera ta den prinsipio i tambe den bista di Dios ku a krea hòmber i muhé pa forma un famia.

Asina mi mayornan a disidí di kasa i hasi nan bibá ku otro promé ku mi ruman mas grandi a nase. Mama a konta ku nan no a prepará nada di kasamentu. Den purá Tata mester a atendé pa hinka Mama den kas. Nan a bai biba huntu den un kas di palu na mi wela Wewe. Mama di ku asta kabritu Tata a bai hòrta pa por a laga kushiná i kome na nan kasamentu. Ei tambe bo ta mira e konsekuensia di drenta bida pa loko ku otro sin invoká Dios, sin konosé otro mihó i sin un bon intenshon. Pasobra tur e mal ehèmpelnan ei ami tambe a pasa den.

Matrimonio mester ta di generashon pa generashon aprobá pa Dios. Pa ami, dor ku mi mayornan no tabatin un bon fundeshi ni edukashon riba e tema ei i ami dor di miedu, a saka esei for di mi bida. Mi a asta bisa: "Mi lo no kasa pa evitá tur e dolónan di mi Mama". Tambe mi Tanchi parti tata semper a siña mi; "ku kasamentu ta algu serio, si bo no ta kla p'e no hasié". Segun añanan tabata pasa mi no ke a biba mas den piká di seksualidat sin ta kasá, pasobra mi mes a lesa den mi Beibel ku esei no ta loke Dios ke. Mi a yega na e desishon tòg pa regla mi papelnan di kasa i hasi boluntat di Dios.

A traves di tempu promé ku hopi problema i separashon a bin entre mi mama i mi tata, nos tabata biba den un kas di palu riba tereno di mi wela Wewe, kende tabata mi wela di parti tata. Un kurá ku mas famia tabata biba aden, manera tin kustumber na Kòrsou, un ta yuda otro. Den e kurá tabatin tres kas, mi Wela Wewe, Tio i Tata. Despues mi Tanchi tambe a traha kas i asina a bira kuater famia den e kurá. Pa kolmo e number di tereno ta kuater den sistema di kranshi. Hende grandinan ta bisa kuater ta bela i mi ta e di kuater yu di mi mama i tata. Maske mi a pasa den poko maldishon di famia, tòg den bista di Dios mi ta un bendishon.

E dicho "kada kas tin su mes krus" ta bèrdat. Di mi tabata unu pisá sin meta i sin un tata pa yuda mi karg'e i sin un mama pa yuda suavisá mi doló i desapuntonan. Den orashon mi tabata ekspresá mi miedu i dolónan, miéntras mi tabata pidi Dios yuda mi ku kada kos ku mi tabata pasando aden. Tin kos no tabata visibel pa mi famianan, i Dios a saka Su man di yudansa. Dios sí tabata sa ku Su plan pa mi bida no ta loke ami a spera, i El a skapa mi for di tur maldishon.

Den kada kas ku tabatin den kurá, tabatin mas famia bibando ku otro. Ambiente, bochincha tur eseinan mi por a eksperensiá, pero nunka tabata laf. Maske mi no a biba largu den e kurá di mi wela, tòg mi a biba di sero te ku dos aña i mi pubertat einan. Mi tabata sinti si, ku tabatin hopi hende pa entremeté den otro su bida. Ora Tata òf Mama no por a stret nos, tanchi, wela i kua ku ta por a duna nan opinion den e famia, asta bisiña por a bisa loke nan ke. Esei tabata algu den kultura di nos pais. Ki ora un kos pasa bon òf malu ta rònt kurá sa.

Un bida privá ku Mama i Tata so, nos no tabatin. Tòg tur loke mi a pasa aden a keda skondi, te ora mi a bira mas grandi i tabata biba serka mi mama i tata di kriansa. E úniko manera pa surpasá miedu i bèrgwensa di tur loke komo hende muhé mi a pasa aden, tabata di haña un hende adekuá i di konfiansa pa skucha mi. Mi tabata ke pa nan hasi orashon ku mi i ku nan por a aktua pa protehá mi i duna mi un mihó bida. Tabata masha difísil pa kompartí sekretonan di mi kurason ku otro hende. Mi a tene mi debilidat, bèrgwensa i piká skondí pa hopi tempu. Mi tabatin miedu ku mi famianan lo husga mi òf rechasá mi si mi bida sali na kla. P'esei miedu i ansha a pone mi preferá di kòrta mi mes i no tabata ker a biba mas, esei a dominá mi un tempu di mi pubertat. Danki na Dios ku El a pone un Mama i Tata di kriansa den mi bida pa mustra mi ku mi bida tin balor i ta bunita. Mi Mama i Tata di kriansa a duna mi e siguridat ku mi ta 'safe' den nan kas i nan ta kuida mi bon, esei a pone ku mi konfiansa i amor a kuminsá krese, mi a sinti mi aseptá komo nan yu muhé. E ora ei numa mi a bin laga lòs i konta e dolónan i rabia ku mi tabatin.

Biniendo bèk den e periodo den kurá di mi wela, segun ku nos tabata krese, nos tata biológiko no tabata na kas mashá. E tabata traha komo fèrfdó i tabata mas pafó di kas. Ora e kaba di traha e tabata kore kaya aki aya. Mama tabata keda ku nos den kas patras den kurá. E no tabata traha ora mi a nase, asina mi mama tabata kompletamente dependiente di mi tata. E situashon ei a pone e relashon entre mi mama i mi tata bai atras i no tabatin komunikashon ni bon kuido manera mester ta.

Aki mi ta mira ku dor di desobedensia di mi mama na su mayornan; 'Papai i Mamai', kosnan a bai robes, pasobra mi mama a kuminsá un relashon no aprobá pa su mayornan. Manera sa pasa den kultura antiano, hopi hende hòmber no tin un hende muhé so.

Asina doló di kabes i tristesa a penetrá den nan matrimonio i a afektá nos komo yunan, spesialmente ami e úniko yu muhé di Mama. Mas despues, mi mes tambe tabata pasa den situashonnan robes di relashon manera nan ta bisa; relashon tóksiko. Asina e tipo di kosnan akí ta pasa di generashon pa generashon tresiendo mashá maldishon. Desobedensia na Dios i desobedensia na mayornan ta trese un mal bida.

Mama tabata kuida nos i e tabata bai bishitá su mama, nos wela Djudjui, pa sosten'é i tambe pa e no keda su so ku nos den kas. E tabata kana di Libu te Jandorèt na pia ku nos, ku dos yu na man, ami baby i mi ruman hòmber mas chikí.ku tabata nèt promé ku mi. Asina tòg e por a distraí su mente. Maske bida ku Tata no tabata shen shen, nunka Mama a papia loke tabatin riba su kurason i a keda purba pa tei pa nos. E periodo di 'baby' pa 'peuter' mi mama tabata haña yudansa di mi wela i tanchi ku tambe tabata biba den mesun kurá di kas. Mi mama a haña yudansa asta di bisiña.

Manera nan a konta mi: Mama tabata bunita, nèchi kurpa i ku su bon skol, MAVO, pero situashon di bida i sin sosten di su pareha, mi tata, kos a pega i a bai mashá robes. Na lugá di a sigui studia i krese den bida mi mama a hañ'e ku kuater yu. E no tabata por a enfoká riba skol ni trabou mas. Pasó Mama a bleze i pone amor pa mi tata na promé lugá enbes di su mes. P'esei Beibel ta bisa: stima Dios promé.

Na 1980 ku mi dos aña i mi ruman hòmbernan tambe basta yòn, mi tata a bin kas un dia inesperá, sin bisa Mama ni famianan nada. El a kue nos, hinka den su outo, bai kuné. Mi ruman hòmber, i ami. Niun hende no por a ni pensa ni kere loke tabata bai pasa. Segun e outo tabata kore den direkshon di mondi Malpais nos a yega i nos Tata a baha i hinka nos den man di poko hende blanku ku mas despues a bira nos lidernan. Danki na Dios nan tabata bon hende. 'Tante' manera nos tabata yama nan. Pasobra mi Tata no a deliberá ni puntra Mama ni tampoko otro miembro di famia nan opinion. E desishon tabata di dje so i dor ku nos tabatin su fam e por a manda riba mi ku mi tres ruman hòmbernan sin tuma konseho. E desishon di a laga nos dos einan sin Mama i sin famia tabata unu masha tristu mes. Mi dos otro rumannan mas grandi a bai na nos welanan.

Esei a trese hopi sustu mes serka Mama, i e tabata sufri di suku tambe. Nos tabata hopi chikí pa por a kambia Tata su pensamentu i niun famia por a tuma otro desishon pasobra nos tabata yu kasá ku fam di Tata. Bida a siña mi ku semper por desahogá serka un hende pa evitá mas problema i haña solushon i orashon. Aunke mi tambe a pasa den situashonnan fèrfelu i dor di bèrgwensa mi a keda ketu, ma porfin mi a tuma kurashi i skirbi e buki akí. Danki na Señor ku mi a dal e stap akí, laga lòs i sigui padilanti.

Riba e kaminda di bai Bullenbaai tabatin un internat di famia Huisman, konsistí di mama, tata i nan yunan. Nan tabata hulandesnan ku a habri e lugá i yam'e HEBRON, (plek van gemeenschap en verbondenheid), tur mucha huntu den un komunion. Manera Beibel ta bisa: 'Laga tur mucha bini serka Hesus pasobra di nan e reino di shelu ta'. Nos tabata yama nan 'tante' pa mas rèspèt i komo ku nos tabatin nos mayornan ainda no tabatin mester di yama nan Mama òf Tata. Esei tabata bon pasobra nos no a sinti ku nos mes mayornan no ta eksistí mas, al kontrario nos tabata sinti nan falta.

E dia ei nos Tata a disidí di baha nos dos einan i laga e kuido den man di e lidernan. Tata no a bisa nos tampoko pa kuantu tempu nos lo a keda biba den Internat.

Nos a keda basta aña einan, te ku nos pubertat, te ora Hebron mes a sera i nan a manda e muchanan kas, pues esnan ku por a bai nan kas bèk. Esei tabata un desepshon pa nos atrobe, pasobra maske nan no tabata nos Mama i Tata òf nos famia, tòg nan a trata nos dushi. Na e Internat nos a risibí un bon edukashon, reglanan positivo i orashon. Nos tabata kome, bebe i drumi na ora, hasi aktividat, landa, kamper i diferente kos mas, manera mester hasi ku mucha. Pues pa mi, nos a haña un famia i un situashon nobo ku nos mester a aseptá sea nos ke òf nò. Den promé tabata straño pasobra komo un baby di dos aña bo mester di bo mayornan, un tata pa protehá bo i un mama pa kuida bo. Ma despues mi a gusta di ta na Hebron pasobra mi tabata sinti mi 'safe', bon protehá i stimá. Tabatin hopi mucha pa hunga kuné, pues nunka mi a sinti soledat pero si bandoná dor di mi Mama i mi Tata.

Dia Tata a hiba nos internat tabata un dia tristu pa Mama pasó e tempu ei su estado mental emoshonal i su salú físiko a bai mas atras. Ta mas despues el a realisá ku nos no ta den su bida mas, i ku Tata a disidí di hiba nos leu fo'i dje pa un supuesto mihó bida serka e hulandesnan.

Mama no tabatin e mihó guia, ni konseho, ni e no tabata konosé Dios bon pa sa kon surpasá e doló emoshonal i tur e problemanan relashonal i familiar. Esei tabatin un efekto grandi riba nos komo yunan; spesialmente ami. Mi a krese ku dos karakter. Nos tabata hopi yòn pa por a bisa: Nò. E miedu di biba sin Mama i sin Tata, sin famia i sin por komprondé loke tabata pasando tabata masha duru. Loke a straña mi tabata, ku tabatin sufisiente famia, tanchinan tantu di parti Mama i Tata tòg niun di nan no a tuma e responsabilidat di kuido kompleto pa ami komo úniko yu muhé. Mi a keda ku e duda ei te na grandi. Maske mi welanan a bisa mi mas despues, ku e motibu tabata ku mi tata no ker a duna nan sèn pa kuida di nos, tòg mi a sinti mi rechasá. Mi ruman hòmber di tres tabatin kuater aña, e tabata mi kompaño, mi amigu i protektor, loke mi tata si no tabata por ta pa mi. Ta mi ruman a funshoná den e ròl ei di defendé mi maske ku e mes tambe tabata chikitu. Loke ta positivo ta ku nos a siña hasi orashon den e situashon ei maske nos no tabata komprondé dikon.

Awor na grandi nos tur dos ta riba kaminda di Señor, nos ta deshogá nos mes i lagando pasado atras. Ta Dios mes a pone ku nos a haña e oportunidat pa biba na 'tehuis

Hebron', pasobra nan kerensia tabata Kristian Evangelista i nan a siña nos ku Dios ta Tata, Hesus nos ruman i Spiritu Santu nos amigu maske nos no tabata mir'E. Esei tabata duna nos masha konsuelo meimei di nos tristesa di no sa mes unda Mama tabata i dikon bida di nos mayornan a kibra asina lihé. Mama no por a relativá bon pa por a tuma desishon i ya ku nos tin e fam di Tata loke e por a hasi tabata, di hiba nos un kaminda leu sin mayor ni famia pa nos haña yudansa. Nos edat tambe a hunga un ròl grandi, nos tabatin dos i kuater aña.

Mi tanchi, ruman di mi tata, si tabata bin bishitá nos i ora tabata por e tabata bai ku nos wikènt na kas di Wela i famia. Tanchi a konta mi ku e tabata hiba nos na Mama pa asina nos por a mir'e. Den su edat yòn, diesocho aña hasiendo su esfuerso buskando nos. Pero e sintimentu no tabata meskos mas. Mi tabata wak asombrá i bèk patras sin por rekonosé mi Mama. Mi tabata bisa i tabata kere ku tanchi ruman di mi tata tabata mi mama. Den Mama su kara mi por a mira rabia i tristesa, p'esei mi a sinti miedu i insiguridat. Den balkon na Mamai ami ku un prima stimá semper a hunga pòpchi ku otro tanten tanchi ta kòmbersá ku mi wela parti mama, promé ku e bolbe hiba nos bèk internat.

02

NUMBER 10 DEN MI BIDA

*D*i 1980 te ku 1990 mi a biba na internat. Mi a nase dies pasa di dies, pa djis despues biba dies aña den internat. Manera e dies mandamentunan di Dios ta bisa; 'onra bo tata i bo mama pa bai bo bon', tòg ami no por a siña ni ekspresá esei pasobra ta djis dos aña so nan a kuida di mi. Den sobrá añanan di mi bida, spesialmente pubertat bai ariba, mi a kria un rabia sin mi por a komprondé. Di baby pa pubertat un fase kaminda bo Mama i Tata ta di gran importansia den bo bida pa siña bo kana, papia, kore, kome, bebe i duna amor, y asina por krese komo un mucha muhé bunita balorá i bendishoná den futuro. Pa ami, esei lamentablemente no tabata e kaso.

Internat Hebron, di Famia Huisman, tabata konsistí di Mama Klaasje i Papa Piet i nan yunan. Nan a disidí pa kuminsá adoptá i kria diferente mucha ku mayornan no tabata por a sòru pa nan. Nan amor i pasenshi tabata grandi. Spesialmente nan a siña nos tokante Dios, tabata yuda nos krese i tòg sinti nos mes aseptá komo mucha. Nan a regla tur kos pa nos; skol den siman di djaluna pa djabièrnè, aktividatnan den fakansi òf wikènt i skol di Djadumingu na iglesia pa mucha kanta i siña di Beibel i tokante di Hesus; tur djadumingu.

Bida den internat Hebron tabata ku hopi regla i tambe religioso. E bida tabata strukturá, estrikto i ordená. Tur kos nèchi, maske nos no tabata riku pero bo ta siña di ta agradesido. Mester a siña di Dios i hasi orashon pa nos mayornan. Lesa Beibel tur anochi promé ku drumi. Nos tabata tin hopi alegria, inventá yen di spèl, asta hunga tapa kara anochi lat. Kaminda nos mucha muhénan tabata drumi, tabata tin yen di kama ariba abou ku kashinan pareu riba wil manera ta den hospital. Nos no tabata nos so nunka, esei tambe a yuda mi pa no sinti soledat òf haña heimwé pa bai kas. Internat tin su benefisionan ma tambe su desbentaha.

Regla ta ku djadumingu mester bishitá iglesia, kada mucha ta bai Skol di Djadumingu den su grupo i segun su edat, pa kanta i siña mas di Hesus. Reglanan di internat tabata konsistí di: para den rei pa kasi tur kos ku nos tabatin ku hasi, manera baña, kome, bebe, pouze, hunga spèl, bai skol i asta ora di haña straf ta den rei tabatin ku para warda bùrt, estilo di sòldat den militar.

For di seis or di mainta ya nos mester a lanta pa aktivá i och'or di anochi nèt nèt ta ora di drumi pa mucha. Trai mèrdia ta tempu pa traha hùiswèrk i esnan ku no tabatin tarea di skol mester a drumi un siesta te tres or atardi. Despues tabata tempu pa hunga un ratu pafó den naturalesa. Semper nos mester a kome fruta i berdura pa ta saludabel, bai skol ku pan brùin i belèg di smer huntá riba e pan, awa i 'TipTop' nada di mas nada di ménos.

E sírkulo di un siman tabata: Internat, Skol, Aktividat i Misa. Apesar ku mi no tabatin mi mayornan, ami a echt disfrutá di mi tempu den Internat, di por tabata un mucha muhé bon kriá, mihó skolnan, papia hulandes i siña di Dios i ku awe mi bida ta kambiá tòg pa un bida muchu mas bendishoná.

Loke tambe tabata bon i dushi tabata ku mi no mester a preokupá ku si tin kuminda, paña o sapatu, pasobra maske no tabata tin kosnan di marka karu, semper mi tabatin i mi a siña di ta gradesido i hasi orashon pa tur kos. Pasobra al final ta danki na Dios ku ami tabatin, kompará ku mayoria mucha den mas pobresa. E lidernan tabata enfoká riba un aktitut di ta kontentu ku loke bo haña pasó hopi no tin. Siña kome tur kos sino bo no mag di lanta fo'i mesa. Straf tambe tabata duru spesialmente esun di no mag kome, pues bai drumi stoma bashí si nos hasi fresku i falta rèspèt. Mi tabata kreativo, traha tènt pa drumi pafó, kohe pan bieu i tost sin ku niun hende mira i mi tabata traha djus di pasta djente esun blou zut, p'esei mi a siña sobrebibí fo'i yòn, leu fo'i kas.

E prèt tabata ku nan no por a peña nos pasobra ta bòshi kabei nos tabatin, p'esei nan tabata pela nos afro. Danki Dios ku nunka ami personal no a sinti mi menospresiá, pasobra maske nos tabata hopi mucha riba otro, e benefisio tabata ku semper nan a trata nos tur igual. Nos pañanan i sapatunan, nada di marka. Un mucha simpel mi tabata ma mi a sinti mi aseptá i tabata siña bon. E mundu moderno si ku no ta para ketu ta hinka nos komo persona den problema sin tin motibu spesialmente ora nos ta invoká Dios. Hebron a siña mi; "God heeft je mooi gemaakt"! I esei ta 100% bèrdat spesialmente ora bo tin Hesus den bo bida.

Tata tabata bin wak nos, i ora outo yega para e otro muchanan tabata grita duru: "Ata tata di Jasmin, ata tata di Heybert". Mi famianan tabata yama mi Mientje, esei tabata mi nòmber di kariño i Tanchi tabata gusta kanta e kantika; "Mientje is ziek". Awor aki nan mag yama mi Jasmin i nan por kanta "Mientje is gezegend". Nos tabata kore kontentu pa topa nos tata sin realisá ku ta ei nos ta keda, i ku tabata djis un bishita kòrtiku. Na e momento ei, siendo un mucha chikí, bo no ta realisá e doló di ta bandoná pa bo propio mayornan muchu bon. Bo ta karga speransa ku un dia bo ta bai biba kas bèk serka Mama, Tata i famianan.

Mester trata mucha bon, Beibel mes ta bisa ku nos fe mester ta manera di mucha i tambe ku e Reino di Shelu ta di muchanan. Te asta na mi na edat grandi mi no por a komprondé dikon un Tata ta bandoná su kas, yunan, kasá i famia pa kaya. Un kos mi a realisá ta esaki; Dios ta nos Tata i E hamas ta laga nos na kaya.

Mayoria biaha mi karakter tabata di mala mucha aunke ku den mi interior mi no tabata ke ta asina, sirkunstansia di bida ta pone bo komo mucha krese kròm. Nos tabata haña sota ku palu òf nan tabata mara bo na kama pa bo no bai pafó. Semper ami tabata den esnan fresku ku hopi spit. E strafnan tabata enserá na rudia den solo riba asfalt bon gròf dilanti e lugá ku nos tabata kome banda di e ofisina. Nos tabatin ku keda warda asina ei te ora bo turno yega. Nèrvioso, pero ya esei tabata konsekuensia di desobedesé i di hasi kos di mala mucha. Un kos si, e lidernan semper tabata bin splika nos e motibu pa nos por bisa dikon, i hasi orashon pa nos kondukta bira mihó, respetá i mas kariñoso.

Nos bida na Hebron no tabata solitario pasobra nos tabata mas di binti mucha i dies lider. E programa tabata bon hinká den otro ku mi no a sinti laf nunka, al kontrario semper tabatin bochincha i ora esun hasi un kos e otro tambe ta hasié. Nos mes tabata inventá aktividat pafó ku diferente mucha. Baila, kore, hunga tek i tapa kara, hunga ninichi, bula kabuya, kore baiskel den mondi pia bou ku bòshi infrou, wep, siña landa na laman grandi i yen di kosnan dushi mas. Nos no tabatin falta di material ma si nos tabatin masha falta di amor di Mama i Tata. E lidernan tabata hasi nan bèst si i tabata duna nos di tur manera ku amor i esfuerso, loke nos tabata sinti falta di dje.

Na kuminsamentu ku e internat a habri, tabata drumi mucha muhé i mucha hòmbernan tur huntu. Despues a bin separashon i a bini mas departamento. Baby, mucha muhé, mucha hòmber i tambe lidernan ku nan kasita. E parti tristu pa mi tabata na momento ku mi tabata sali for di skol i mira kon mayornan di hopi mucha di skol tabata bin buska nan i nos mester a drenta bùs ku bòshi mucha bai internat bèk. Pa kolmo tabata mesun ruta i kaminda mi famianan tantu parti di Mama i Tata ta biba. Na edat hopi yòn, mi no a ni pensa pa hui, mi tabata hasi orashon i keda ku speransa ku un dia lo mi bai biba bèk serka mi famianan manera tur otro mucha ku mi tabata mira na skol.

Ora di hasi aña, e lider di mi grupo tabata sòru pa mi sinti mi mes importante i balorá. P'esei riba dia di nos kumpleaño tabata kanta 'happy birthday' i traha 'pannekoek' esta repa pa nos selebrá ei mes ku otro muchanan di bo grupo. E tantenan i e muchanan na internat a bira nos famia mas ku esnan berdadero.

Lamentablemente ku esei a pone mi karakter bira duru, inkomprendibel i sin sentimentu pa mi mayornan i famianan. E echo di a biba den un internat, a hasi un impakto grandi riba mi bida i tambe mas despues ora mi a bira grandi.

Anochi tabata sera i mester a bai drumi. Ei miedu ta dal aden. Mardugá e lugá tabatin tur lus pagá i mi tabata haña mal soño mirando un hòmber sinta riba e stupi pafó ta wak e internat sin bisa nada. Òf mi ta kòrda ku mas di e muchanan tabata bisa; e lugá ta spok i e 'landhuis' ariba kaminda e doñonan tabata biba, tabatin sombranan na e trapi pa bai den e zòlder. Mi tabata hasi orashon stret bai i danki Dios nos a siña pa por a surpasá tristesa, miedu i inseguridat den e lugá leu fo'i kas tur tapa den naturalesa, palunan di indju, infrou, datu i pió ainda sanguranan ku tabata stima nos sanger.

Ora mainta habri mi tabata felis i kontentu pa kore drecha i keda ku speransa den Hesus ku e dia ta bai mihó ku e anochi i mardugá. Felis pa bai skol mainta i mèrdia bolbe regresá internat, esei a bira nos rutina di bida. Maske e desishonnan ku nos Mama i Tata a tuma a laga mi sinti bandoná, mi ta gradesido na Dios pasobra tòg kompará ku hopi mucha nos por a haña tur e kosnan básiko ku nos tabatin mester manera; kome, bebe, hunga pafó i asta orashon i lesa Beibel, e Palabra di Dios. Beibel, e mihó buki edukativo na mundu ku tin tur kontesta i palabranan di konsuelo i enkurashamentu.

Segun añanan tabata pasa preguntanan tabata bin den mi mente manera; dikon? Ki dia? Dios Bo ta mira mi situashon? Na internat mi tabatin un Tante ku tabata trata mi ku amor i dedikashon, semper e tabata kla pa duna un brasa di kariño, loke pa un mucha ta di sumo importante. E úniko poko konsuelo ku mi tabatin, tabata e tantenan hasiendo orashon pa mi i pa mi mayornan. Dikon poko? Pasobra segun mi tabata krese i tabata siña mas di bida, kon mi a pasa den asina tantu kos, mi mester a siña tambe pa laga lòs asta na e tante ei, pasobra nan niun no tabata biba pa semper i nan no por tei tur momento den internat pa kuida nos. Mayoria biaha ami tabatin straf, di mes e tempu ei komo mucha mi a krese i no tabata sa bon ken mi ta òf kiko mi ke.

Yen di speransa mi tabata hasi orashon pa un dia, mi tata bin buska mi ruman i ami pa nos biba felis ku Mama i e den nos mes kas. Sin sa ku un dia atrobe inesperá nan lo hiba nos kas bèk serka nos famia, pero sin kontra ku Mama ni mir'e. E edat di dos pa dies aña komo un mucha muhé ku ta kresiendo i bayendo skol tabata un fase frágil pa mi. Mi tabata ke ta felis, buskando amor i atenshon tantu di e e tantenan i di e muchanan. Internat a siña mi papia i a siña mi e promé lèter di Álfabèt, lèter A di: Amor, Agradesido, Amabilidat, Apresiá, Alabá, i Adorá pa asina tòg na mi edat grandi despues di a pasa den turbulensia di bida, mi a siña praktiká nan di bèrdat den mi bida.

Mi no ta sinti mi malu ku mi a biba na internat, no ta esei ta e kaso, pasobra mi tabata mas protehá ku ora mi a sali. Ma na sierto momento nos mester a bai kas di famia bèk, pasobra e Internat mester a skohe pa hasi esei despues di un situashon fèrfelu i inkomprendibel. I despues di esei si e efekto den mi bida tabata mas grandi.

E sentimentu dòbel ku mi a sinti tabata; mayornan ta bandoná nos komo muchanan i e tantenan ta remplasá nan dor di sòru pa nos. Pero tòg riba un dia nan tambe mester a stòp e guia i a manda nos kas bèk. Tur mucha ku nan famia por a tuma nan na kas, bùs a bin i a hiba nan serka nan famia. Pues pa di dos biaha mudansa estilo di ping pòng. E dicho: "mucha sin pariba sin pabou" òf "manera mucha sin mama", tabata klòp pa nos. Di kas pa internat pa despues regresá kas i pa despues e bira mas pió.

Esei tabata inkluso mi ruman ku su 14 aña ya den pubertat i ami nèt pa kuminsá bira tiner. Sin por a pensa riba loke a pasa, ata nan a hiba mi bèk na e mes kas kaminda mi a biba djis dos aña komo un baby huntu ku Mama i Tata den kurá ku famianan. Dies aña nos a pasa den internat, kaminda nos a yora, hari, hunga, siña i krese. Ma un famia sano kaminda tin un tata i un mama mi no a eksperensiá. Si Mama i Tata a permití Dios biba meimei di nan i nos komo yunan dor di hasi Hesus e parti mas prinsipal den nos hogar, e ora ei ami komo yu muhé por a rekonosé ku nos tabata un bon famia sano.

03

DIKON MI MESTER BAI?

Ku mi diesdos aña bayendo for di internat pa kas di mi famianan bèk tabata un sintimentu inkomprendibel i miksto.

Lidernan a duna nos diferente motibu dikon nos mester a bai kas. Yoramentu, vrum vrum, ni tristesa, no a yuda pa laga nos keda na Hebron tòg. Nan a hiba nos den dia serka nos famianan bèk. Mama ni Tata no tabata tei. Mi tanchi i wela parti tata tabata e personanan ku a kuida di nos. Edat di diesdos aña ta pone mi kòrda Hesus asina yòn pasando bario pa bario ku su mayornan pa despues nan a pèrd'é pero e tabata predikando kaba na e hendenan.

Solamente mi diesdos aña si tabata diferente, mi tabata yòn ma kosnan a bai asina difísil dor di muda di kas pa kas, sin Dios Su unshon. Pa mi tabata duru pasobra lantá den internat kaminda mi a siña tur dia di Dios i orashon awor mi a mira un bida bashí i straño. Komo mucha muhé, diferente biaha mi a puntra mi mes e pregunta ku si mi no ta importante pa mi mayornan i famianan pa motibu ku mi a keda aki aya. Aunke mi a siña ku Dios si ta stima nos sin límite.

Dies aña a pasa kaba, pero no tabatin niun kambio. Mi tabata pensa di tur e orashonnan ku e tantenan na internat a hasi ku mi pa regresá bèk serka Mama i Tata. E ambiente no tabata loke nos a biba dies aña na Huize Hebron. E kas patras den kurá di mi wela kaminda mi a lanta na baby aden ku Mama i Tata, a keda bandoná i bashí sin amor ni felisidat. Anochi ora di drumi ta riba kama di tapushi.

Nos mester a benta nos kurpa abou, kompará ku internat ku nos tabatin nos mes kama.

Nada di moderno, manera por i nos mester a aseptá sin kik. Ei si mi a eksperensiá kiko ta pobresa i kon pa para riba bo mes pia ku un edat asina yòn. Na skol nos tabata haña e revistanan di SamSam ku muchanan pober di Afrika, awèl asina mi a sinti mi.

Mi fase di sero te ku dos aña i di dos te ku diesdos aña tabata intensivo, komo mucha bo ta keda spera ku kosnan lo bira bon. E diferensia tòg ami a eksperensiá total otro, ku den internat kaminda nan a lanta nos ku regla severo pero un sintimentu di ta mas protehá i ku nos no tabatin falta nada. Normal mester ta: di pió bira mihó, ma serka nos nèt esei no a sosodé. Manera mainta habri mi tabata bolbe pone speransa i resa pa un solushon.

Segun dianan tabata pasa mester a regla tur kos di nobo manera skol, dòkter i tur loke tabata importante pa nos por a biba. Pero ya, mi tata ni mama no tabata tei pa regla nada. Tanten mi wela tabata kuida mi ruman hòmber di dos kaba, awor el a hañ'e ku mi otro ruman di tres i ami tambe riba dje. Manera wela Wewe tabata por, el a kuida di nos, miéntras ku tabata nos tanten tata yuda nan kurpa. Pues ta stail di kende mester a bin para responsabel. Mi famianan no tabata riku i mas bien nan tabata kompartí loke tin, manera dicho: "un pa mi, un pa bo un p'e". E tabata duru pa mi welanan pasobra nos tata di baina tabata paresé te p'e yuda. Dor ku mi tata no tabata koperá di niun manera den nos kresementu, ni finansieramente ni den nos edukashon, mi welanan di tur dos banda a bis'e pa e mes buska solushon.

Mi ta kòrda ku mi a keda na diferente kas, serka mi otro tanchi (defuntu) i serka mi tata su diferente parehanan. Na Kòrsou ántes bo no por a habri boka kontra niun hende mas grandi ku bo, pasó sla ta kai. Tur kambio tabata dependé di mi tata su desishon. Ami no tabatin stabilidat. Mi a pasa di un man pa otro. Tur kambio tabata pasa asina rápido. Na e momentonan ei komo un tiner "ga je met de wind mee".

Atrobe un dia inesperá Tata a bin kas na wela Wewe pone nan drecha mi kosnan i bolbe hinka mi den outo bai kuné. Un sentimentu di 'rollercoast' pió ku parke di dibertishon. Ku mi diesdos aña ketu bai mi opinion no tabata konta den Tata su bista. P'esei obligatoriamente mi mester a bai ku mi tata pa e hiba mi na un otro kaminda i mi ruman hòmber a keda serka nos welanan. Ami tabata mucha muhé, e tempu ei Mama no tabata apto ni bei pa atendé ku nos mas pa motibu di problemanan síkiko kousá pa e relashon ku e tabatin ku mi tata. Mi a kuminsá sinti falta di bai bèk internat Hebron pasobra aya tòg tabatin tante i muchanan ku a laga bo sinti kómodo i aya tabatin tur kos pa yena nos bashí.

Y sin sa mi Tata a hiba mi serka un famia di kriansa ku el a haña via iglesia 'New Song'. Ami tabata konfuso di kiko awor i kon pa komportá. Mi tabatin difikultat ku mi identidat i disiplina.

Mi tabata den flor di mi hubentut i mi bida a bai sofoká. Kambionan grandi a sosodé tras di otro den mi bida. Ku diesdos aña muda di internat pa kas di famia, despues pasa diferente kaminda i mas despues ata mi na kas di mayornan di kriansa den korto tempu. Na edat di diessinku i diesseis aña, mi ta kere ku tabata mi hormonanan, mi tabata ke partisipá ku e otro hóbennan den nan kosnan. Sinta frei na áwasa, Brionplein i kana bai bin stail di kompará na lugá di kopia esnan bon. Mi tabata sabí i mi tabata siña master na skol, mi a kaba mi MAVO i bai HAVO. Ma den HAVO 4 mi a bira mas rebelde.

Rebeldia:

Mi a hui diferente biaha for di mi mama i tata di kriansa su kas bai na mi tanchi (defuntu), na pia den kaminda largu di tera. Semper mi a keda kòrda tanchi su kas pasobra mi a biba un ratu serka nan. Sin paña sin nada na man asina desesperá pa haña mi libertat. Keriendo ku lo mi haña yudansa i komprenshon. Tanchi i mi primanan tabata bisa: "ai riba un dia ta kosnan lo bira bon" i nan tabata manda mi bèk. Pa asina mi por kaba mi skol, i logra algu den bida. Ma realidat ta ku pas berdadero ta serka Dios so por hañ'é.

Ora mi pensa kon yòn mi tabata pa disfrutá di bida pero marká i abusá dor di mi mes tio. Den e kas bandoná riba tereno di mi wela ora mi so tabata bai pa baña òf keda eiden, semper e tabata lur mi i yega serka pa mishi ku mi. Fèrfelu tabata ku mi a sinti straño sin un mama, tata ni persona di konfiansa pa desahogá. El a laga mi ku inseguridat, miedu, rabia, tristesa i disgustu. E tempu ei mi a pensa ku niun hende lo no kere mi, ya ku mi tabata bandoná kaba i mas bien un molèster pa nan. Kada ken tabata biba nan bida, den espera di algu bon.

Mi a biba sin mama ni tata, huntu ku un tanchi yòn i un wela luchadó ku ménos tempu pa edukashon i pa nan por a skucha mi. Ma na mi mayornan di kriansa, hendenan kristian i tambe lider den iglesia, nos tabata hasi hopi orashon. I un dia mi por a konfia i konta nan tur loke mi a pasa aden. Pasobra mi tabata haña mal soño kasi tur anochi di un sombra pretu ku tabata subi mi pone mi keda sin por papia, anto mi tabata purba grita e nòmber di Hesus manera mi a siña na internat. Tambe mal soñonan di un kolebra hel grandi, esun di awa i di kandela den kas òf un vèlt grandi kaminda hendenan tabata disparsé manera ta mundu tei kaba, manera e buki di Revelashon di den Beibel.

Den pubertat mi no a haña nunka lès di seksualidat na internat, ni serka famia i tampoko serka mi mayornan di kriansa. Sí den e tempu ku mi a bai skol na MAVO 1 mi a haña seksualidat den lès di biologia. No tabata papia di tópikonan asina na kas, mas bien e tabata tabú òf historianan di Beibel tabata mas importante na Hebron i mi mayornan di kriansa.

Ku mi dieskuater aña mi tabata asina fadá ku mi mes komportashon i karakter ku mi tabata preferá pa no biba mas. Hopi biaha mi tabata bai den baño ku un kuchú pa kòrta mi pòls. Yora pa despues kai na rudia resa puntra Dios dikon? E number dieskuater den 2023 a bira un number importante pa mi pasobra Dios a bendishoná mi rikamente i a mustra mi pa selebrá bida eterno den djE. Maske ku e fecha ta unu di tristesa tambe pa mi famianan di parti tata, pasó mi tanchi ku tambe mi a biba un tempu serka dje a fayesé. Tòg Dios a mustra mi ku ta importante pa keda kòrda ku ta E ta doño di bida, ta "E ta duna i E ta kita" bida. No nos mes, ku nos desishon robes di ke kita nos bida djis pa skapa for di tur kos, esei ta un mentira di satanas. Un mihó bida di loke mi a pasa den, ta di biba pa Señor. Esei ta un mihó bida, pasobra Su úniko yu Kristu Hesus a duna su bida kaba pa kada un di nos. Awor mi ta komprondé ku Dios a spar mi bida danki na hopi orashon di mi mayornan di kriansa i di mi mes. Juan 3 versíkulo 16 ta bisa: "Pasobra Dios a stima mundu asina tantu, ku El a duna Su Úniko Yu, pa tur esnan ku kere den djE no bai pèrdí, ma haña bida etèrno."

Na internat mi a siña biba i ta kontentu ku loke tin. Dor ku tur kos ku nos tabata haña tabata via donashon nos no por a skohe. Paña, sapatu, ko'i skol, tabata sin marka i kuminda tabata konsistí di hopi berdura, no steak, kabaron òf karni karu, nada di Kfc, Pizza òf Mac. Kos di bebe tabata TipTop lali lali i pa ko'i smak nan a siña nos "Samen Delen", pasobra ta mas di binti mucha mester a haña.

Na mi wela parti tata si mi a eksperensiá un diferensia total dor di drumi abou riba kama di tapushi ku un pida laken, ta ora bo haña chèns por a drumi un ratu riba kolchon huntu ku tanchi. Nan tabata parti e kuminda tambe den kòmchi pa nos i ei bo ta siña kremenchá, ta dushi pero tiki pasobra nos wela Wewe tabata traha limpia kas i bende su brièchi pa por lora man i yuda kria nos. Tin dia nos tabata bai serka bisiña i asina tòg nos tabata haña mas kuminda. Na mi wela den kas di palu patras, einan mi mama i mi tata a biba un ratu ku nos. No tabatin nada organisá, djis un kama i kashi. Mi tabata baña na èmber patras riba un pida semènt pasobra no tabatin baño tampoko, mas bien un ket di palu.

Esei tabata e momentonan ku mi tio por a slùip mi eifó ta baña i duna mi un sentimentu inkonfortabel. E pobresa a trese miedu, inseguridat i a pone mi sinti ménos. Mi a eksperensiá drumi abou algu ku ta duna miedu, pasobra diferente bestia ta subi bo:

kakalaka, raton i lísinbein. Mi tabata kana tambe riba kaya buskando unda por a sinti mihó i haña atenshon i mas kosnan ku mi tabata deseá i falta.

Bibando serka mi mayornan di kriansa mi a bin siña kiko ta kome na restorant, bai kumpra paña, shòp, biaha den un avion, sinta den kompania di otro. Tin mi mes kamber ku un kama ariba abou, kashi di paña anto mas importante mi mes baño i wc kaminda niun hende no tabata por a lur mi mas. Maske kon strèn mi mayornan di kriansa tabata, e fundeshi pa un biba dushi ta; ku Dios na promé lugá, tin rèspèt, sinti safe, haña amor, siña bon na skol, un bida familiar, bai bishita famianan di kriansa. Maske kon drùk e bida por a bira, Dios no a keda afó.

Durante di añanan mi a siña kiko e palabra 'famia' ta nifiká den mi bida. Ora Hesus a bai hiba palabra i su mayornan no por a hañ'e, i ora nan hañ'e despues El a bisa nan ku ta esnan ku ta skuch'E i tei kunÉ, ta nan ta su famia. Den Kristu nos tur ku asept'É ta bira unu den Dios, pues un kurpa i un famia uní. Mi a eksperensiá pobresa no dushi pero mas despues mi a siña di ta gradesido pa oportunidatnan nobo ku Dios a pone riba mi kaminda. Pasobra Su reino no ta pa nos tin ménos ma pa nos tin un bida di abundansia i prosperidat basta nos obedesé i biba p'E.

Na momento mi ta mira mi yunan tin e edat ku ami tambe tabatin tur rekuerdo ta bin ariba. Mi tabata para ketu na edat i bisa nan ku Dios ta bon, pasobra ami si por a sòru pa nan maske mi tabatin periodo ku mi a kai será. Segun mi a krese Dios a mustra mi ku E tin Su propósito pa mi bida i asina mi a mira kambionan drástiko kuminsá tuma lugá, ma na e debido tempu di Dios. Esei tabata despues di a lucha hopi i a yega na e punto di aseptá un bida positivo, un bida ku Dios i a lubidá pasado. E kaminda pa yega einan tabata mustra largu, mi a kansa i fada pero na final mi por ta agradesido i un testimonio pa otronan.

E propósito ku Dios a krea mi p'e, tabata for di ora Mama i Tata a traha mi. Solamente nan no a hasi uso di dje. Mi ta kòrda ku mi no a batisá i nan no a dediká mi na Señor niun momento. Na edat grandi diesshete aña mi bisiñanan na mi bario SintMichiel (Libu) a pone mi bai ku tradishon di katóliko i asina mi a batisá, risibí i konfirmá. Ora mi a kere tabata pa lusa mi kaminda lugá a bira pió. A dura añanan promé ku mi a haña liberashon di mi pasado pa mi por biba ku Dios den mi presente i bai ku Kristu den futuro.

04

HUIDA

Mi a lanta mainta trempan sabiendo ku mi mayornan di kriansa lo bai traha. Mi a hasi mi huida sin plania ni pensa promé. Mi a aktua riba spantu pasobra mi no tabata ke pa nan bin i gara mi. Mi a kue telefòn di kas bèl un amigu ku yama Lando, pidié p'e duna mi un left, sin duna splikashon pasobra mi tabata nèrvioso. Mi tabatin diesshete aña i mi no tabatin niun motibu pa laga mi HAVO 4 kai pa mi hui. Gewon mi a disidí tiki tiki pa piki mi pañanan warda nan abou den 'washok'. Tur dia mi tabata slùip pone tur mi kosnan den makutu.

Dor di ansha mi no haña chèns di bai ku mi diploma di Goslinga MAVO4. Esei ta pasobra ora un hende ke hasi maldat; su mente ta blòkia. Ora mi amigu Lando a yega pa yuda mi hui, ata awor mester wak pariba, wak pabou pa wak si bisiña ta mira. Pasobra ta mi wela di kriansa mama Yaya tabata biba den nos banda, ta nèt pa el a gara mi i puntra; "mucha unda ta bai?" Na e momento ei mi a hasi kos pa loko, mi pensamentu tabata 'nul komma nul', mas despues mi a bin bei i a pensa: 'den kiko mi a hinka mi kurpa?'

Pasobra mi no a ni kaba mi estudio na MIL HAVO-4, tampoko mi no a tuma e kurashi di despedí manera mester ta for di mi mayornan di kriansa, kendenan a lanta i kuida mi sinku aña den nan kas. Mi mente tabata preferá e libertat di hasi loke mi ke i bai bèk na mi famianan i yen di gana pa mira mi mama. Mi gana di ta banda di mi mama i famia tabatin mi semper mará. Maske unda mi tabata, kon bon tabata bai ku mi, i ki bon trato mi tabata haña, tòg mi tabata sinti e deseo fuerte ei di bai serka mi mama i ta parti di e famia ei. Ta manera ora un djùnki no por stòp di huma maske e sa ku ta algu robes. E problema ta ku ta duru pa laga lòs di tentashon di e mundu i ta duru pa hasi kambionan drástiko mesora. Mas ainda ora ku bo ta un persona ku ta gusta desobedesé i no sa boluntat di Dios pa bo bida. Despues e konsekuensianan ta dal bo duru, nan ta pió ku ora outo dal un hende. Kon tòf ku mi a kere ku mi tabata, preokupashon i mal komportashon a afektá i lástima mi kurason.

Segun mi tabata kore den Lando su pikòp, mi sustu tabata haltu, pensando kiko pa bai bisa mi famianan awó i tambe kon mi mayornan di kriansa lo reakshoná ku mi a bai sin anunsiá. Ku tur edat di diesshete aña ku mi a kere mi por ku e huida, awèl miedu, ansha i duda tabata kansa mi, te den e profundidat di mi kurason tabata pió ku un bòl di hilu.

Riba ruta di hui bai di Mahuma pa Jandorèt tabata manera mas leu ku nunka, mi a disidí ku ta mihó mi laga Lando baha mi mas lihé na mi wela parti Mama su kas. Sin ku nan tabata sa algu mi a gaña i inventá ku ta fakansi mi a bin pasa.

Ata mas atardi mi tata di kriansa su outo a paresé dilanti di mi wela parti Mama su kurá di kas, nan a bin buska mi bèk. Bèrgwensa, pasobra mi mester a bisa mi wela e kos manera e tabata. Mi mes no por a komprendé ni splika dikon mi a bin sin bisa nan e motibu i sin pidi pèrmit na mi mayornan di kriansa.

Den e sinku añanan bibando serka mi mama i tata di kriansa maske nan no tabata mi sanger, nan a demostrá di ke keda kuida mi pa logra un mihó bida; kaba mi Havo 4, sigui studia, haña un bon trabou, kisas kasa i para riba mi pia pa asina den bista di Dios mi ta un ehèmpel pa hóbennan di mi mes edat e tempu ei. Pero mi a skohe bobedat di mundu i a preferá di hiba un bida di libertinahe, ku despues a kosta mi mas desapunto.

Mi a pasa den kosnan muchu mas pió, kosnan ku mi no por a mira delantá. Sin diploma, ni kaba mi skol, sin un trabou, mi a laga mi kas i mi propio kamber atras den e kas di mi famia di kriansa. "Tur momento ku un hende tuma un desishon deskabeyá lo bai malu kuné sigur". P'esei Beibel ta bisa bèrdat ku diabel ta siega hende, e ta hasi bo oreanan surdu i ta hasi bo kabes duru i asina stroba bo di tuma mihó desishon den kada situashon. Mi tabata gusta deporte, spesialmente atletik pues mi ker a bira mihó atleta. Asina mi por a hasi mi pashon, ma lamentablemente mi no por a logr'e. Esei dor ku mi a biba un bida diferente for di tur mucha ku normalmente ta den nan mes famia. Ami ta haña ku serka mi mayornan di kriansa tampoko mi no a fet bon, pasobra nan estilo di bida tabata kas, trabou, iglesia; nada èkstra den mi desaroyo.

Promé ku mi a bai for di mi mayornan di kriansa, mi tabatin basta un par di biaha ku mi a slùip bin wak mi Mama. Mi Mama mes su situashon no tabata bon. E tabata sufri hopi...hopi biaha e tabata sinta wak leu i tin bes e tabata haña ataka di nèrvio.

Mi tabata haña Mama den un estado ku mi no por a kòmbersá kuné, pa asina e duna mi kontesta riba preguntanan ku pa aña mi a kana kuné, tòg kada biaha ku mi mir'e tabata manera un terapia pa mi. Mi a asept'é komo mi mama berdadero i mi tabatin duele di dje. P'esei e dicho; "Bloed is dikker dan water" ta kuadra bon bon; Bo famia ta bo famia. Mi a siña ku si nos no kibra ku maldishonnan di pasado, den e poderoso nòmber di Hesus, nan ta keda persiguí i influensiá nos mes i nos yunan tambe si Dios mes no yuda nos.

Na Mavo mi a kuminsá topa ku mi primanan di parti mama, nan tabata mustra mi amor i ker a konosé mi mihó. Pensando ku kisas esei lo yuda pa Mama rekuperá dor di mira mi su úniko yu muhé bèk, pa bini kas serka dje, konos'é i mir'e maske ta na grandi. Pasobra mi tabatin un anhelo profundo pa konosé Mama i sa e pakiko i dikon nan bida a bai robes i konsekuentemente nos bida tambe. Komo yu e sentimentu di ke ta aseptá i rekonosé i no rechasá ma stimá pa bo mayornan mes, tabata profundo den mi kurason. Un mucha por biba añanan diferente kaminda pero e anhelo i kuriosidat pa sa algu di Mama i Tata no ta kita te na momento ku e topa ku su mayornan i sa e bèrdat.

Na edat di hóben, hormonanan i ambiente ta hunga un ròl grandi riba pensamentu i sentimentu. Un hóben kier sa ku e mester konta òf fet den un grupo, i di tin un mucha hòmber i kere ku ta esei ta e amor pa semper. Masha mal kos! Pasobra tin bes bo por gusta un mucha hòmber ku en realidat no ta esei Dios tin stipulá pa bo.

Esei a pasa ku mi. Ku mi diesseis aña mi a kuminsá frei, anto sin pèrmit, i ku mi diesshete aña mi a bira mas dependiente di kaya, pasobra ora mi a kere ku e frei ku mi a skohe te den Bándabou por a yuda mi, tabata mas bien pa e usa mi pa satisfasé su pashon di ta mas grandi ku mi. Si e tabata stima mi e lo a bisa mi pa bai skol i no falta niun dia, na lugá di bin Banda Bou. E tabata bai laman ku mi i nos tabata bai su kasita di palu banda di kas di su wela. Bon siegu, enamorá i pèrdí mi tabata, sin por a mira e realidat. Awor aki personalmente mi ta mira ku tabata un spiritu malu den mi kabes di no por a kaba kosnan mas importante manera studia, haña un bon trabou, biba den un ambiente trankil i logra metanan ma mi a preferá di desobedesé, hasi maldat i biba ku hopi rabia anto intrankil.

Tempu mi tabata na kas di mi mayornan di kriansa, mi ta kòrda kon mi tabata speibel en bes di bai skol; Havo-4. Mi tabata kue bùs bai te Bándabou pa topa e gai. Ántes no tabatin telefòn pa traha sita, nada kuenta di ping ni app, ta komunikashon via boka i traha sita adelantá. Tur kaminda nos tabata yega sin problema, mi tabata tuma asta left.

Mi a lanta ku yudansa tambe di bisiñanan ku a bira mi madrinanan. Ki ora nan tabata por mi a haña un baki di kuminda òf un lugá kaminda mi por a tira un kabes drumi i sinti mi bon, ku mi tin tòg un famia mas ku ke "care" pa mi. Mi tanchi parti di mi tata tabata yama mi; "Rèm di Porta". Pasobra mi no tabata para na kas mes, bai aki aya i mi tabata mas riba kaya. Un bida di sobrebibí, sin struktura i sin plania pa futuro.

Asina mainta habri mi tabata bon anshá pa drecha mi kosnan dòbel den tas di skol tuma sèn pa bùs serka mi mayornan di kriansa i bai. Di mes e roster di skol t'ei pero siegá pa 'supuesto amor' mi no por a ni pensa e konsekuensianan despues ku ta bin, siegá di un amor ku Dios no ta ni aprobá. Nos no ta para ketu ku tin den Skritura ku Dios a uni e hòmber i e muhé pa bira unu den matrimonio. Den mi kabesura ni un teksto di Beibel mi no tabata kòrda. Ohalá mi a rekordá e versíkulonan ku mi a studia, asina lo mi no a pasa den e tribulashon di amor ei.

Mi a ripará ku mi tabata atraé hende hòmber mas grandi ku mi na mi i ora mi para ketu mi ta kere ku mas bien tabata e sentimentu di ke ta protehá i stimá. Semper mi a pensa ku tabata pa falta di un tata ku nunka no tabata ei pa siña mi i duna mi protekshon.

Maske ku mi 12 aña mi a haña un tata di kriansa, esei no a yuda mi. Mas bien mi tabata kompará mi mes ku otro muchanan i mi tabata ke sinti mi parti di nan dor di tin un frei. Pero en realidat mi tabata biba un mentira, pasobra mi no tabata ke un relashon seksual, pasobra for di tempu ku mi tio a kuminsá mishi ku mi, mi a keda ku rel.

Garna nan

Mas grandi mi tabata birando e amor fraternal a muri den mi bida. Mi no tabata sinti mi ku afekto pa hende hòmber i a bin usa nan solamente pa kita nan sèn. Mi a pasa e desapunto di tabata bandoná pa mi tata i tambe mal uso di mi tio riba otro hende hòmber; mi no a mustra amor ni mi doló. Mi meta tabata pa mi garna nan, esaki ta nifiká kita nan sèn sin tene relashon seksual ku nan. Mi tabata pensa den mi benefisio so. Mi tabata probechá di nan ma mi no tabata ke un relashon ku nan.

Asina ku un hende hòmber tabata ke bai mas leu ku mi, mi emoshonnan tabata bira malu, stoma ta wal, nèrvio, i gana di bai for di einan. Mi no tabata interesá den tene relashon. Mi tabata saka ròl pa mi no tin un relashon seksual íntimo ku nan. Mas bien mi tabata usa gainan mas grandi djis pa mi garna nan i pa haña atenshon. E tabata un sentimentu miksto i di dos banda diferente, pasobra ora ami gusta un hende hòmber mi tabata bira dominante pa e no laga mi. Mi tabata hasi lif i purba pa stim'e di bèrdat i trata pa e tambe komprondé mi mas mihó. Ma ora e tabata gusta mi, yùist e ora ei mi tabata us'e pa sèn so. Manera mundu ta bisa; "esun bon nos no ke, ma esun no adekuá den nos bida esei nos ke bira namorá di dje i ke keda kuné".

Mi tabata den proseso di rekuperashon, bibando den un kas pober i bieu, kaminda mi tabata siña kushiná i kuida mi mes. Mi ruman a duna mi un lugá pa keda, kuminda i paña. Mi mes mester a wak kon mi ta hasi garna hende hòmber pa sèn. Loke tabata tristu ta ku mi no tabata siña nada edukativo di Dios mas ni nada di e balornan kristian, Bíbliko.

Pa deshogá henter mi situashon malu ku mi a hinka mi kurpa aden mi a biba un bida 'hot' manera kaya ta bisa, un bida di fiesta i aktividatnan. Traha gasta sèn, shòp pa loko sin motivashon ni vishon. Mi tabata satisfasé mi mes dor di ta mas aki i aya, basta mi mente no ta den mi pasado. Di baina mi tabata hasi orashon, i esei a pone mi bida bai mas patras i bira pió. Konsekuensia di biba un bida sin Dios, loke diabel ta hasi ta kita nos pas i kita nos fo'i e kaminda bon di salbashon.

05

HULANDA

Na dado momento mi a disidí di bai Hulanda na aña 1997 pa un mihó bida i tòg bai studia algu. Mi a konektá ku hendenan di kaya ku sa kon pa traha sèn mas lihé, asina mi a bin haña mi den e mundu di kriminalidat pasando droga ku solamente diesshete aña. Yen di kurashi mi a kohe avion rumbo pa Amsterdam sin wak patras.

Fo'i mas yòn kurashi semper tabata mi protekshon pa no sinti doló ni tristesa. Na momento ku nan a kapturá mi ku maleta di droga na aeropuerto di Hulanda tabata un tenshon. Mi no ta gaña, ora bai bon un biaha bo ta pensa 'a la superwoman' i ke mas sèn sin tene kuenta ku e konsekuensianan. Ta te na momento ora ku nan a pasa mi den kamber abou kaminda tin kontrol severo mi a bin sinti mi den un soño inesperá. Ta segun dia ta bai e tenshon i e mal soño ta bira realidat, esta ku nan a kita mi libertat pasobra mi a kometé un delitu ku pa hustisia ta kastigabel i den bista di Dios no ta aprobá.

Un eksperensia spesial ta; ku semper mi a sinti ku Dios no a kita Su bista fo'i riba mi, ta ami mes a skùif for di Su unshon i Su protekshon. Mi a deshogá mi kurason i a remplasá mi intrankilidat i tristesa, ku e echo di hunga tòf, kana riba kaya, hòrta i bende paña, pasa droga, froude i kita sèn for di hende hòmber pa satisfasé mi deseo di tin tur kos i duna otronan, djis pa risibí atenshon riba kaya.

Kosnan malu den bista di Dios ku ta di mas i ku no a yuda mi ku nada, al kontrario hinka mi mas den perdishon i kai será na paisnan afó manera Canada. Mi a mira asina tantu prizòn i huesnan na diferente pais ku mi no tabata wòri mas pasobra mi a pone mi dilanti ku tòg mi a biba den internat i no tabatin famia. Leu aya den e profundidat di mi kurason tòg mi tabata ke kambia. E hues riba tur ku ta nos bon Dios no tabata husgando mi ma tabata ke pa mi skohe bèk p'E i hasi Su boluntat.

Tempu mi tabata hasi maldat riba kaya, mi tabata yen di kurashi poniendo un máskara pa parse di ta fuerte. Awor ku mi ta den Kristu mi ta hasi tur kos pa mi logra e bida Spiritual mas aya. Manera Salmo bintisinku versíkulo shete ta bisa: "No keda kòrda e piká i fayonan di tempu mi tabata hóben sino kòrda riba mi SEÑOR den bo gran amor i bondat". Tin ora Dios ta usa tristesa pa trese un kambio drástiko den mi bida, pasobra tristesa di mundu ta kaba ku hende i pone hende hasi hopi kos ku despues bo ta lamentá.

Sobrebibí ta nifiká: biba un bida sin meta. Asina mi tabata lora man bai kaya wak kiko tin na lugá di bai un skol i kaba mi edukashon. "Dal sla saka vla" manera hende grandi tabata bisa. Esei tabata pone ku mi a biba un bida negativo frustrá pa haña mas sèn i asta teniendo un pareha "makamba" ku sèn manera nan ta bisa, tòg mi tabata infelis. Pasobra deseonan di ke 'hustle' tabata pone ku mi no tabata usa mi tempu pa stima i demostrá stimashon berdadero na esnan rondó di mi.

Pa sobrebibí den kaya mi mester a bira manera un piedra brutu i duru, un karakter di no tin kunes kiko hende ta pensa di mi, ma semper kla pa bai guera. Diferente biaha ku mi a paresé dilanti wes na Hulanda nan tabata puntra mi dikon? I semper mi kontesta tabata: "Dikon lo mi tin kunes si mi a lanta den Internat i ku den prizòn será tabata nifiká pa mi manera un kas pa 'kuida hende muhé'." Pero, te den e profundidat di mi kurason lo mi tabata ke ta liber di bèrdat i un mihó persona logrando kosnan bunita den bida sin tin ku sobrebibí. Ta despues di hopi aña, Dios so por a refiná mi bida hasié bunita ku balor manera mester ta.

Mi heridanan di pasado ku ta abusu seksual di mi tio parti tata i abandono di mi mama i tata i tambe famianan, naturalmente a duna mi doló i a marka mi físikamente, emoshonalmente i spiritualmente. Nan tabata mas fuerte ku e sikatrisnan visibel ku mi a haña dor di kap mi pia na Internat i operashon di mi apèndiks. Solamente Dios so por a kura nan i ta danki na Dios mi por skirbi e buki akí i saka mi luchanan na kla pa mi por pordoná esnan ku a hasi mi e dolónan ei. I no keda trata nan ku dos kara, ni keda rabiá òf ku renkor mas.

Komo humano konstantemente mi tabata den un lucha kontra mi mes mal deseonan. Pero mi no a entregá, mi a keda pensa ku pa tur kos tin un solushon i ku; "mi no a mata Kristu" manera dicho ta bisa. Ora mi tabata kòrda riba mi yunan i mira nan pasobra mi a primintí mi mes ku lo mi no hinka nan den niun lugá, mi forsa tabata bira mas grandi i deseo pa por duna nan un mihó bida tabata krese shen porshento.

Solamente mi strategia tabata robes. P'esei ora mi a kai será diferente biaha mi tabata kibrá i tristu. Mi tabatin ku pone kapa pa hasi duru tòg pa mi yunan spesialmente esun muhé. Mi a para ketu i a bin ripará ku mi tabata den e mes direkshon i situashon manera esun di mi mayornan, solamente ku mi tabatin mas libertat i oportunidat pa skohe i hasi mihó, tambe oportunidat pa rektifiká mi foutnan promé ku ta lat. Promé ku mi a pone un paro mi a purba diferente método pa laga mi bida di piká.

Mi a puntra mi mes: Kon mi por a haña viktoria riba e piká ei, ku kada bes tabata parse ku mi ta blo kai aden? Basá riba e bèrdat, ku Kristu a vense tur na e krus mi a haña konosementu ku niun no tin poder mas riba mi. Fundando mi mes den orashon na

Dios i meditashon den Su Palabra tur santu dia, esei ta mi fortalesa te final di mundu

Awor mi ta ripará ku tur loke internat Hebron i mi mayornan di kriansa a siña, mi ta praktiká nan tòg riba mi yunan pasobra komo mama mes mi no ke pa nan bai e mes kaminda robes ku ami a bai. Mi mayornan di kriansa tabata lanta mardugá pone vigilia di orashon, kompartí ku otro Kristiannan di mes iglesia New Song. Mira kon yen di soño mi tabata spièrta, keda kabishá sin forsa pa hasi orashon te mainta. I tòg na grandi aki mi a sa i komprendé e importansia di hasi orashon mardugá. Pa kibra i kore ku tur maldat di pasado den generashon nobo pa nan no pasa riba mi yunan. Tambe e ta un esfuerso di mustra Dios mi amor berdadero p'E i asina Señor ta habri shelu di bendishon pa mi bida.

06

AMISTAT, PLEITU I DESKONFIANSA

Tempu mi tabata mas yòn mi ambiente tabata konsistí di e muchanan di Internat mes kaminda mi a biba dies aña. Segun mi ta krese mi a keda den kontakto ku nan pasobra na internat mi a siña "we zijn samen vrienden" ke men: Nos ta huntu, amigu pa semper. Mi sírkulo di amistat no tabata grandi. Nos por a bringa si pero tabata kos di mucha. Ora tin bringamentu, e tantenan tabata hasi orashon ku nos, i nos mester a papia tur kos, brasa otro i duna otro man. Asina nos a krese ku un bon manera pa solushoná problema. Lamentablemente nos no a keda praktiká esaki te na grandi.

Mi mihó amiga di infansia, Natasha, kende tambe a bai for di internat despues di tempu na edat yòn, mi a bin topa bèk den bida i nos a sigui ku e amistat. Pero preshon di bida no a permití i nos a pleita te bringa i kibra e amistat. Asina e último amistat di un tempu bon a bin kaba na aros ku koko. E kos ei tambe a pone ku mi no a konfia hende fásil mas. Mi no tabata bisa niun hende mi doló ni mi desapuntonan mashá, mi tabatin miedu ku nan lo tira kosnan na mi kara òf ku nan lo no por yuda mi ku nada tòg. Mi a krea un rabia i a blòkia mi sentimentunan pa ku amistat i mas bien tabata hasi tòf pa opinion di hende no afektá mi. Esei tambe a trese problemanan den mi hubentut den e áreanan di mi estudio, tuma responsabilidat i mantené un trabou.

Sinembargo mi amigunan no a influensiá mi tantu asina pa hasi malu mas bien ami tabata un lider i ora di haña straf pasobra nos tabata hasi kos di mala mucha, ami tabata semper aden. Ora mi a muda bai na mi wela Wewe, mi tanchi i bisiñanan mas grandi ku mi no a inspirá mi pa bai skol òf sali padilanti. Mi tabata wak novela, kana bai bin, tende pida redu di hende grandi, tur kos tabata laf, i sin sentido i sin meta. Mi tabata biba pa biba.

Asina mi a kuminsá hasi loke mi mes ke. Mi tabata gusta 'chill'; bai Otrobanda topa amiga, sinta kòmbersá bou di palu, hunga dominó, bon kuné, 'mens erg je niet', wak novela i notisia nada mas ni nada malu. Solamente sin meta di logra algu spesífiko. Asina mi a keda biba un bida bashí.

Na 1998 mi a disidí di bai biba definitivo na Hulanda i einan mi tabatin mas amistat. Mi ta kòrda kon mi tabata keda sin bai skol na Den Haag spesialmente desèmber ora ta hasi friu i sneu ta kai, na lugá di lanta pa bai skol, mi tabata keda drumí bon tapá bou di deken i despues bai 'chill' na 'coffeeshop' ku otro alumnonan. Asina mi a laga otro influensiá mi robes, loke a stroba mi pa mi kaba mi MBO. Despues di un aña mi a muda bai un otro stat mas drùk, esei tabata Rotterdam, ei tampoko mi no a para ketu. Asina mi a bin sigui den bida di hasi maldat na lugá di studia i terminá loke mi a bai pa hasi. Grandinan ta bisa: "e ambiente ku bo hinka bo kurpa aden esei nan ta rekonosé bo p'e".

E ta kuadra 99% pasobra manera mi amistatnan di e tempu ei bisa: " Ban kaya", mi tabata keda sin bai skol pa rosa kaya (bende kos di uso i paña ilegalmente). Mayoria biaha hende ta hasi loke nan kren tambe ta hasi, si e kren ta baidó di iglesia òf baidó di fiesta, òf 'road' kaya, hasi maldat, kometé ladronisia i pasa droga, esei hende lo hasi mayoria biaha. Ma e bèrdat ta, ku den kada área òf ambiente ku nos komo hende mete nos kurpa aden, esei nos lo sinti su efekto na final tambe. Si ta ambiente positivo kos bon ta pasa, si ta negativo kos malu so nos ta haña nos aden.

E kren ku mi tabatin i nan ambiente ku mi tabata hinka mi kurpa aden tabata motivá mi mas bien pa traha sèn fásil i no lèpia. A lo largu mi tabata enfoká tur dia riba plaka so, di djaluna pa djaluna, mi tabata asta lubidá ku Dios ta mira mi. Asina 'ganga' kai, loke ta nifiká hasi maldat pa logra haña kèsh mas lihé den mi man, mi tabata promé presente, mi tabata 'ready steady to Go'. Na momento di bai kaya mi tabata lubidá e riesgonan i despues kansa i sinti duele ora kosnan bai fout. Mi a ripará ku nos no tabata motivá otro pa konfia Dios ni pa laga Kristu dirigí nos pasonan, pero kaya tabata dominá mi deseonan di ke tin mas i mas. Hopi biaha ku mi a kai será mi tabata tuma mi sosiegu den prizòn, pasobra mi bida tabata un bida anshá, intrankil i un bida di ke tin mas i mas. E tabata manera un set pa por tin semper mas.

Den prizòn mi por a pensa i relativá pa un kambio, ma tòg ora mi sali e kambio ei no a bira realidat, pasobra mi tabata bolbe kai den e rutina, e sírkulo visioso. Den prizòn mi mente tabata pone mi enfoká ku awó si mi ta bai kambia i pidi Dios pordon. Pero sin guia, perseveransia, struktura, regla ni ambiente positivo e rutina di kai será a bira manera un maldishon ku ta via di konfesá i arepentí na Señor so mi por a stòp e definitivamente. Ora mi tabata será den prizòn tambe e ambiente tabata 'hot' pasó bo ta topa diferente hende muhé ku a kometé kasonan di kosnan simpel i yega te na kosnan masha spantoso. Una bes ei den tambe tin yen di regla ku sea bo ta adaptá na nan òf bo ta amargá.

E momento i punto di mi kambio i di bira konsiente di mi situashon malu tabata na 2015 ora mi tabata será na Kòrsou. Un palabra ku a dal mi duru tabata palabra di mi yu muhé: "Mama nos tin tur kos pero mama no tei, mihó nos keda sin nada pero felis". Ata mi awó ta yora na telefòn kantu di muraya den SDKK. Mi tin sigur ku Dios a usa mi yu muhé pa bisa mi e palabranan ei pa asina mi kurason por a dal stek i mi kabes para ketu, kibra i mira ku mi no por sigui biba bida di kaya mas, i ku mi tabatin mester di e bida ku Kristu.

E no tabata fásil ma manera mi a bisa promé sin un bon ambiente i huntu ku e personanan korekto, positivo pa motivá bo i keda den bo banda te final, hamas mi por a logra. Segun mi tabata kuminsá dal e stap pa un sírkulo di amistat nobo mi a kuminsá ta distansiá mi mes for di e mundu tiki tiki i mi a enfoká riba kiko Dios ta pidi di mi. Mi tabata haña guia di dos hende, e kasá di pastor i un señora evangelista, nan a mustra mi tur mi foutnan. Na Hulanda un pais manera Sodoma i Gomora ku asina tantu tentashon mi a bai i a kai den e mes patronchi i ambiente robes bèk na lugá di ami enkurashá mi amistatnan, mi a bai partisipá un temporada den kaya.

Mi a ripará ku Dios a duna mi don di motivá pero ami tabata us'

e na un manera robes, mi tabata us'e pa motivá otro pa hasi kosnan robes. Den kaya mi tabata bisa amistatnan ku tambe tabata ke gana mas sèn; 'Ban Kaya pa hòrta bende diferente produkto i pañanan òf Ban Kòrsou' no djis pa 'chill' pero pa traha sèn fast dor di pasa droga.

Promé ku mi a skohe pa Kristu, mi tabatin miedu di pèrdè mi amistatnan si mi laga kaya i dediká mi bida kompletu na Kristu i iglesia. Ma ora ku mi a disidí pa sigui Kristu den mi bida i dal e stap serio mi a kuminsá disfrutá di e benefisionan di Su bondat, sin tin e strès mas ku mi sa tin den kaya. Tampoko sinti mi malu pa motibu di amistatnan ku no tabata kumbiní ni edifiká mi. Tiki tiki Dios mes tabata kita tur loke mester a kita i Dios mes a renobá mi bida i a trese amistatnan nobo ku a bira meskos ku un famia i ruman pa mi.

E don awor mas ku nunka Dios a mustra mi den mi soño ta e lèternan MPSS (motivational, positive, spiritual speaker), ku na lugá di motivá hende pa gana plaka na un manera robes kombiná ku riesgo peligroso, awor mi ta resa pa nan i duna nan e palabra di FE manera den Beibel na hebreonan 11:1 ta pará skibí: 'pa kere sin mira'.

Ora mi tabata yòn mi no a mir'e asina, mi a pensa ku tabata algu tòf i great pa kana hasi maldat, pa mi 'tel mee' den e 'street' manera nan ta bisa. Esei ta bini di un mente totalmente siegu i guia pa nos enemigu ku ta satanas. Un ambiente totalmente robes. Tin dia tabata mustra fásil i dushi ku riesgonan manera kore skonde pa polis pa no bolbe bai será. Esei a pone mi bolbe kai den mi mes eror i risibí e konsekuensianan di mi mes mal desishonnan. Sin sa ki ora mi a haña mi den sèl di kuater muraya i un porta di heru bon duru será atrobe. E bida ei di intrankilidat, keda kai será sin logra nada, a ni e kriminal di mas malu mes te den e profundidat di su kurason, no ta deseá ni ke ta ei den.

E motibu prinsipal di e kambio drástiko pa un mihó bida, a bini na momento ku mi dediká mi bida bèk na Dios, kuminsá bai iglesia, kuminsá tuma estudio Bíbliko i kambia mi sírkulo di amistat. Tuma distansia di e kosnan di mundu maske kon laf e por mustra na prinsipio, ma na final bo ta mira i eksperensiá e kambio asina dushi, un bida sin strès, sin ansha manera ku semper un hende ta persiguí bo, sin ta na kareda pa skonde kada ratu, i un bida kaminda sèn ni material no ta na promé lugá. E versíkulo den Beibel ku a yuda mi mes mes, ta Mateo 6:34 ku ta bisa; "si Dios ta kuida di e flor i paranan kuantu mas di nos komo hende trahá na Su imágen i semehansa."

Edukashon, atenshon i amor ta loke mi tabata sinti ku mi tabata falta i mi tabata buska esei den mal amistat i parehanan ku mi tabata enkontrá den mi bida tantu na Hulanda i na Kòrsou. Pa mi no sinti mi so, mi tabata biba un bida 24/7 drùk, aki aya. Esei tabata fo'i mas chikí ku mi tanchi parti di mi tata tabata yama mi "rèm di porta", pasobra no tabatin niun hende pa pone mi para ketu ku no ta Dios so.

Nada ta imposibel pa Dios i esei mi a ripará ku ni maske mi no a lanta ku mama ni tata i tampoko ku mi famia stabil den kas, ma mi a hiba un bida di kriminalidat, tòg Su plan pa ku mi bida a kumpli. Pasobra Señor ta mi Wardador, E ta stima mi i ta kuida mi; Salmo 23.

Algu hopi bunita a pasa ku mi ora mi a disidí di bai pa e kambio. Un pais den Europa leu for di mi tera natal ku nunka mi por a imaginá mi, einan Señor a apartá mi i sòru pa mi biba den naturalesa asina bunita i bèrdè ku 'waterval'. Un bida realmente bendishoná i mas serka Dios i sin falta di nada. P'esei ta importante pa sa esaki: 'Ora ku Dios saka bo for di e kos bo ta den, E mes ta proveé i ekipá bo ku algu mas mihó pa semper.' Asina mi a bin laga lòs for di kaya i sigui Kristu.

Nunka mi por a imaginá mi mes bibando leu for di mi amistat i famianan, tòg Dios a halsa mi i a pone mi den un ambiente trankil kaminda E tabata ke pa mi ta. Einan mi a biba den abundansia i prosperidat, sin sinti falta di nada, ni un kos di kaya.

Un ambiente ku konfiansa, amor, pas i positivismo ta yuda sigur pa mi keda stabil. Pasobra asta den Beibel tin kasonan ku bo por lesa, ku ora Hesus tabata bai kue forsa, E tabata alehá Su mes na lugánan ketu i trankil i papia ku Dios. I ta esei mi a bira ta hasi mas tantu. Esei ta pone mi hasi distinshon ora mi ta skohe berdadero amistat i no djis aseptá un hende pasobra e ta famia òf un amiga.

Ta bisá ku: "E personanan ku bo ta kana kuné ta influensiá i afektá bo bida" òf e dicho "bisa mi ken ta bo amigunan i lo mi bisa ken bo ta", pa un parti mi ta bai di akuerdo kuné pasobra ora mi tabata kai será kada bes, for di niun di mi amistatnan mi no a haña un push, bishita òf palabra di enkurashamentu pa kambia, tampoko niun sosten finansiero. "Laga lòs for di kaya i ban buska Dios" òf "ban hasi orashon", ta palabranan ku niun hende den e ambiente ei no ta usa mes. P'esei e siguiente dicho: "Mihó bo so ku mal kompañá", mi ta 100% di akuerdo kuné, pasobra hopi biaha ora ku kosnan tabata bai robes i nan gara mi, ta ami so a bai chup'é lemb'e den prizòn. Na e momento ei pa tòf ku mi tabata hunga, ami bon fresku sin pensa tabata bai tuma e konsekuensia di e maldat ku nos a hasi.

Beibel ta bisa: "laga nos biba den union i hiba otro na e kaminda bon di Señor". Esei ker men ku un amistat òf un famia stabil den Kristu, lo hasi mas efekto positivo riba nos bida.

Mi no a sinti ku mi famia tabata presente pa yuda mi. Mi a sintimi, mi so i bandoná. P'esei mi a dependé hopi di kaya. Mi amigunan di kaya a bira mi famia. Mi sa ku lesando e buki aki famianan lo bisa i puntra dikon no a alertá nan di mi doló i desapuntonan. Ta asina ku na momento ku tur kos malu tabata pasa mi, e konfiansa tabata 0, sero, pues no tabatin konfiansa. Tambe pa motibu di miedu i bèrgwensa i mi no tabata ke pa nan diskutí ku mi ni bisa mi ku no ta bèrdat. Nan lo por a pensa ku mi ta gaña òf nan lo ke tapa e bèrdat. Mi a opta pa keda ketu karga e karga pisá akí tur dia, maske mi no tabata por kuné ni mi no tabata ke, ma no tabatin otro opshon. P'esei ta masha importante komo famia pa por tin un base di konfiansa i komprendementu.

Mi a bin ripará ku un bon ambiente di famia i amistat ta stimulá mi pa sinti mi stimá i ta yuda mi spesialmente pa lanta mi yunan den unidat i amor pa nan no sinti bandoná. Ku yudansa di Spiritu Santu di Dios, i konseho di famia i amistatnan mi por a logra kontrolá mi pensamentunan di keda hasi bon i no tin renkor òf rabia di pasado mas.

Konfiansa ta algu hopi balioso i esei mi no tabatin, tampoko ku mi amiganan, pasobra e doló ku mi a pasá den a pone mi deskonfiá tur hende. Ma na momento ku mi a konosé Dios i El a renobá mi kompletamente, mi por a trata mi famianan sin pensamentu robes di mi hubentut. Tambe sin tin ku saka mentira mas pa defendé mi kurpa, pasobra Dios ta e bèrdat pa semper.

Awor ku mi mes tin mi dos yunan mi a bin sa esaki; 'Un famia ku Dios na kabes lo ta bendishoná, protehá i lo tin union'. Loke nos enemigu, e diabel, ta enfoká pa hasi ta destruí un famia stabil. Ora mi wak bèk na mi famianan tantu di parti mama i tata tabatin instabilidat, spesialmente den mi mes kas. E fundeshi no tabata spiritualmente ni basá riba Kristu Hesus, ma riba plaka lokual ta orígen di tur maldat. E enemigu akí a ataká mi mayornan su kas for di e ángulo di; desobedensia, mentira, engaño i tambe bruheria. Un degenerashon spiritual profundo dor di biba sin Dios. Tur e atakenan ei a bin daña e ambiente pa mi famianan i konsekuentemente den mi propio kresementu.

Ántes no tabatin asuntu di bai sikólogo, ta iglesia tabata e kaminda ku famianan ta papia nan problemanan i haña orashon i solushon den Kristu i Su Palabra. Ami a ripará ku loke por a yuda mi mas lihé e tempu ei tambe ta, ku famianan i amistatnan lo a kontribuí na mi restourashon, pasobra amor i atenshon ku mi tabata sinti falta dje por a kura mi heridanan di bida for di mas tempran.

07

ESKOHO ROBES

*D*en mi bida komo mucha nunka mi por a skohe loke mi tabata ke òf deseá, pasobra ta mi mayornan a dirigí mi bida di 0 – 2 aña i despues dies aña na Internat, einan tantenan tabatin e responsabilidat. Na mi mayornan di kriansa den e sinku añanan ku mi a biba einan, mi a tabatin deseo di por a hasi deporte manera atletik, ma mi no por a realisá esei tampoko pasobra nan tabata traha. Asina mi a hiba un bida di mas bien kas trabou,skol i iglesia. Loke mi a ripará ku tabata masha benefisioso pa mi bida den e añanan serka mi mayornan di kriansa, tabata e úniko bon eskoho ku mi a tuma, esei tabata sigui Kristu.

Segun mi a krese i tabatin edat di diesshete aña, mi a skohe maldat riba bondat sin pensa promé e magnitut di konsekuensianan malu pa mi bida. Mi tabata un mucha muhé ku kurashi i sin miedu i segun ku mi tabata krese mi a skohe un estilo di biba, ku tabata manera un stail pa sobrebibí den bida, pasobra tur loke mi a skohe tabata robes. E promé mal eskoho tabata di pasa droga di Kòrsou bai Hulanda, sin pensa mes riba e riesgo di kai será. Ku a kousa mi nòmber kompleto den archivo di Hustisia pa sigur sinku aña i a pone ku mi a haña un 'strafblad', ku ta pone ku mi no por a haña un mihó trabou.Tur e bon skol ku mi tabatin a bai tirá afó. Dor ku mi a keda hasi maldat pa añanan, el a bira un mal hábito, lokual ta dura basta promé ku mi por a sali afó.

E aña di mas duru tabata na 2021, einan mi a kai será na un pais grandi, Canada, i un idioma franses ku mi no tabata komprondé. Mi ta kòrda ora mi a yega ku nan a pasa mi den kontrol severo i detené mi pa trafikashon di píldora di 'ecstasy' (esei loke ta un droga pa hasi hende hiper i ku por kousa batimentu di kurason i pone bo keda sin drumi) tabata manera un mal soño ku a bai mas lihé ku mi por a imaginá. E sèl ku nan a benta mi aden tabata yen yen di mas hende muhé ku mester a bai korte. Den e sèl ei tabatin un buraku pa hasi diligensia ku un mal holó masha fuerte ku ta dal nos, pero no por a hasi nada. Na e momento ei si mi a pensa; "ki mishi mi aki den!" Mi mester a buska un pida huki pa drumi warda mainta habri.

E úniko fortalesa ku mi tabatin ta, ku mi a biba diferente kaminda kaba i a siña sobrebibí den kualke sirkunstansia. Tambe ku mi a siña resa, pero mi tabatin bèrgwensa di mi mal eskohonan dilanti di Dios. E rechaso ku mi a sinti di mi mayornan i famianan den pasado a hasi ami, Jasmin, masha insigur di ken mi ta. Mayoria biaha despues di kai será mi tabata primintí mi mes ku mi tei stòp pero djis despues ata mi riba e mal kaminda atrobe. Mi no tabata kapas pa mira mes, ku Dios no ta bai pidi mi algu ku Dios sa bon bon ku ami no por kumpli kuné. I ta manera un sírkulo visioso di maldat mi mester a kibra kuné den mi bida.

Mainta a habri mi yen di sustu sin ta komprondé idioma franses, dos hende hòmber bistí na unifòrm a bin buska mi hiba sala di korte. Na Canada por paga un montante basta haltu di dòler pa bai kas warda e kaso kontinuá i regresá bèk, ma dor ku ami tabata un estranhero nan tabata hasi mas difísil ku miedu pa mi no disparsé.

Un prizòn asina grandi ku trali 'real', manera ta na televishon den película. Un sala asina grandi ku diferente detenido komiendo i otro ta pasa tuma kuminda. Kada hende muhé, ami so koló skur, tin diferente delito kometé. Einan si mi a pasa den diskriminashon te ku mi a bringa i nan a pone mi den straf riba un departamento Máksimo. Si no tabata pa Dios lo mi a yora i frustra, pero asta ei den E tabata sòru pa mi por kalma i pensa di nobo tokante mi bida. Un benefisio tabata mi deseo pa siña kos nobo, asina mi a kuminsá bai skol den prizòn pa por a integrá i komprondé nan. Asina mi por a defendé mi kurpa pa por a bai Hulanda mas lihé posibel bèk. Dor di tabata anshá pa plaka i sin pensa, mi tabata pasa den e tipo di kastigunan akí. Tabata hopi duru, te dia mi a siña mi lès i konfia Dios siegamente den tur kos spesialmente mi finansa.

Dor ku mi no a sòru di bai kaba mi HAVO i ni kontinuá mi estudio mi no por a haña un mihó trabou i mi a preferá di skohe pa biba un bida fásil ku tur e konsekuensianan pisá ku esei ta trese kuné. Loke tambe mi a bin pasa den ta namorá di nèt e hende hòmber robes anto mas grandi ku mi. El a maltratá mi i bati mi severamente asta pone ko'i tira na mi kabes, kasi pa muri mi tabata. Dor di miedu i bèrgwensa mi no tabata por a bisa niun famia. Mi amiga i un prima tabata defendé mi pero ami manera kèns tabata bai bèk kada bes den e relashon tóksiko akí. Esei tambe a kousa ku e siguiente hende hòmber ku mi a permití den mi bida tabata pasa den mi agresividatnan. Ora mi tabata tin relashon serio mi tabata spera ku e hende hòmber mester kria mi kompletu sin kik.

Una bes ku mi a hinka mi kurpa ku hendenan di kaya mi a sinti ku mi no tabata por a bèk mas i mi a kuminsá pasa droga, hòrta i kometé froude, te asta mi tabata wak un programa tur djamars sin falta na Hulanda, e tabata yama: "Opsporings verzocht", einan bo ta mira kriminalnan ku a kometé delitunan grandi.Tambe mi tabata gusta wak dokumentario di "unsolved mysteries", esta misterionan ku nan no a resolvé ainda, tambe película di mafia kaminda mi tabata imaginá mi mes aden. Semper ku mi tabata bai kaya mi tabata sali kas ku un adrenalina i ora polis pasa òf nan gara mi, mi sentimentunan tabata blòkia, tabata manera mi no tabata tin kunes ku nada mas. Si no tabata pa Dios Su miserikòrdia ku Su yamada riba mi, mi bida lo tabata muchu mas malu, sea den un grupo kriminal, será pa semper òf morto.

Yen di biaha mi a haña mi ta kore skonde pa Hustisia pa nan no detené mi, i e sentimentu robes ku nan no ta gará mi tabata hinka mi mas den problema pasobra na lugá di stòp mi tabata sigui i buska ganganan, esta maneranan pa traha sèn fásil. Na momento ku mi tabata kai será, vários biaha mi tabata pone un aktitut di tòf, djis pa nan no interogá mi pasobra te den e profundidat di mi ser, e echo di a hinka mi kurpa den henter un sírkulo i bòl di hilu di kriminalidat tabata hasi tòg masha doló. Pero Dios a pone ku nunka mi a drenta den un grupo di 'gangster', tampoko envolví mi mes ku nan, pasobra E tabatin un propósito ku mi bida pa mi no keda pèrdí ni den gara di e malbado.

Falta di sufisiente edukashon i disiplina ku mi mes a nenga di tin, a pone ku mi no tabata gusta regla di outoridat i na momento ku mi kai será esei ta bira un konfrontashon. Ora mi para ketu pensa kon tur hende chikí i grandi, e kriminal di mas pió i asta hendenan di posishon mas haltu tabatin ku baha kabes pa hues i tuma e straf sin kik. E echo di buska solushon sin involukrá Dios den mi bida i mi desishonnan, a pone e desgrasianan akí pasa den mi bida, a pone ku mi a tuma desishon ekiboká ku a resultá den un avalancha di susesonan masha robes.

Mi ta kontentu ku mi a haña edukashon di por a bai skol aunke no ta esei ta tur kos den bida. Pasobra sin e base ei ta kon mi bida lo a bai, mas pió sigur, pasobra e sòm ei ta sali asin'aki:

Abandono+Abuzo= Intento di Suisidio.

Asina ta ku dor ku mi no a sigui edukashon avansá, i na hóben mi a bandoná mi estudio, a pone ku mi a sigui skohe un kaminda totalmente robes. Mi a rechasá e kaminda di finalisá mi skol i a sigui esun super robes di kriminalidat; Pasa droga, hòrta i froude. Si Dios Su man no tabata riba mi, lo mi a drenta asta gruponan di kriminalnan grandi, pasobra mi mente tabata asina korumpí ku mi tabatin asina tantu kurashi pa hasi maldat, djis pa mustra ku mi por i pone un kapa na mi kurason pa tapa mi doló.

Bo sa kiko tabata mi problema di eskoho robes? Desobedensia! Tambe preferá di hasi uso di kosnan fásil, na lugá di tin pasenshi i pèrseveransia. Un bida anshá mi tabata biba, sin tempu pa para ketu pa por a pensa positivo, pasobra ya mi a krea den mi kabes ku ta kaya mi mester pa por tin sufisiente sèn i goso. Pero en realidat ta un sírkulo visioso di maldat, pasobra ta sosodé ku ora bai bon den e eskoho robes ei, bo ta pensa;" Ai ban p'e atrobe!" Sin sa ku ta akumulando maldishon pa mi bida i asta pa mi yunan ku tabata sufri konsekuensia di mi mal eskoho.

Mi tabata forsa un solushon semper pa por tin sufisiente sèn segun loke ta parse ami bon, pa ku e bida ku mi a skohe p'e, pero e resultado no tabata segun e plan di Dios, p'esei mi tabata frakasá bes tras bes. Naturalmente ku si tabatin biaha ku e tabata bai bon, ma inkonsientemente mi tabata akumulá kastigu di tur e maldatnan ei riba mi kabes. Pasobra Beibel ta bisa ku tur loke bo planta lo bo kosechá! Anto mi no tabata ke kastigu ni bai fièrnu.

Tin bes mester paga un preis muchu mas haltu pa fayonan, pikánan, mal desishonnan i falta di pasenshi. Mi a pensa di tantu biaha ku un porta a sera pa mi, mi tabata keha sin sa ku Dios ku si tabata mira mi te den e sèl será. Dios si konosé tur mi pensamentunan i E sa kiko E tabatin pa mi den futuro.

Tur akshon ku nos hasi tin konsekuensianan. Pasobra dor ku mi a skohe robes, esei a afektá mi imágen i reputashon ku ora mi a kuminsá kambia mi a haña ku hendenan no por a kere ku mi a kambia. Nan tabata kritiká mi manera di a drai den e mundu di kriminalidat. Esei tambe mi a pasa den, esta ku nan mester a mira e resultado di mi kambio berdadero promé. E úniko manera ku mi a perseverá pa logra para firme den Dios, tabata di no pone atenshon na palabranan negativo ni redu, ma mi a enfoká riba e persona nobo ku Dios a hasi mi i mi identidat nobo den Kristu. Mi a entregá mi bida kompletamente na evangelio di Dios. Lokual finalmente a duna mi gran bendishon. Biba den obedensia ta trese bendishon kuné! Ma esei si diabel no ta laga bo sa, te na momento ku bo mes tuma desishon di obedesé Dios, bandoná maldat i biba pa Kristu.

Awor mi ta bibando bou di Señor Su grasia, mi ta purba tur dia pa biba un bida no robes pero drechi, dor di a kambia mi mal eskoho pa esun bon, esun di gara na Kristu, gara na Dios Su Palabra i gara na shelu. Dios a hiba mi di morto pa bida i mi kondukta ta tur dia unu di siña i risibí mas di djE i honra mi Señor. Mi a skohe pa Hesus pasobra ta E so por a salba mi. Niun famia, ni mi yunan no por a salba mi. Mi a skohe pa Hesus i pa bondat, pasobra no tin lugá den su reino pa maldat. Kima den fièrnu, esei si hamas mi no ke. Awor mas ku nunka mi ta biba 100/100 pa Dios so.

08

DI KRIMINALIDAT PA BIDA SPIRITUAL

*D*en prizònnan di Hulanda mayoria di nos hende muhénan tur djadumingu tabata bai misa djis pa no keda den sèl òf pa tòg por haña un orashon den nos situashon. Na e prizòn di Hulanda mi no a eksperensiá Dios manera na esun di Kòrsou. Sentro di detenshon Korekshon Kòrsou

(SDKK) pa tur e prizòn dekaí, no higiéniko ku e tabata i spantoso pasobra ta un par di hende muhé ku tabata kometé suisidio tabatin ei den, danki Dios mi no a sinti miedu ni ansha.

Mi sa sigur ku na 2015 ku mi a kai será, Señor mes a pone e solushon perfekto pa mi realisá ku no por sigui asina mas. Ku mi mester stòp di hasi e prizònnan, spesialmente esnan di Hulanda, un kaminda pa mi keda i sin futuro. Mi a kuminsá bai na enkuentronan ora un señora evangelista tabata bin hiba un palabra fuerte pa nos komo hende muhé. E tabata bisa nos pa "Lanta Para den nos Propósito i No entrega". Tambe mi a tuma parti na enkuentronan ku un pastora i su kasá, pastor di iglesia "E Porta", nan tabata bin kanta kantikanan moderno pa hóbennan ku hopi smak i dushi.

Un dia pastora a bin bishitá nos pa trese Palabra di Dios i kanta alabansa ku nos, despues di esei el a aserká mi pa kòmbersá ku mi. Segun nos tabata kòmbersá mi tabata kont'e un pida di mi bida i e pastora a kuminsá hasi orashon ku mi, mi a yora masha hopi mes pasobra mi a sinti un doló profundo na mi kurason di rabia i di abandono, spesialmente riba mi Tata. Na e momentonan ei tur loke mi a pasa aden a laga lòs fo'i riba mi. Normal mi tabata hasi tur dia duru pa mantené mi mes den e kastigu ku mi tabatin ku sinta. Anto na prizòn di Kòrsou no tabatin kasi nada spesial kaminda bo por a 'upgrade' o siña algu, solamente oportunidat pa buska Dios i sosialisá ku otro. De bes en kuando nos tabata hasi obra di man i lèsnan di traha bolo, danki na un òf dos, tres bon bewaker ku e tempu ei tabata traha einan, a motivá nos pa hasi nos bèst pa sali komo un hende muhé renobá.

Mi tabata sa ku Dios ta real ma nunka mi a para ketu pa konos'E mas mihó i permití E ta mas profundo den mi bida i pa laga pasado atras. Mi a lesa Beibel for di mi edat chikí bin te na grandi pero nunka mi a pon'e den práktika manera Dios a bisa i ta spera di nos. E biaha akí si den prizòn mi a bolbe koh'e i les'e i mi a usa pèn ku skref pa nota tur kos. Pasobra les'e ta masha fásil, ma komprond'é i praktik'é t'e kos ku mi no para ketu na dje.

Den prizòn dor ku mester a lanta fo'i trempan para kla och'or di mainta manera sòldá i despues keda den sèl tòg, mi tabata usa mi tempu pa drumi saka kansá di kaya i pensa kiko ta e siguiente stap pa un mihó bida. E problema mes ku mi mester a dil kuné i 'delete' for di mi bida tabata e mal kren di amistatnan i mi mal deseo di ke mas i mas sèn.

Durante mi periodo ku mi por a sali ku banchi na mi pia, e úniko kaminda pa apoyá ku ami a eksperensiá tabata e estudionan di Beibel ku e pastora di iglesia "E Porta" tabata bin duna mi so i tambe e kòmbersashonnan largu pa motivá mi i lanta mi ánimo, ku e señora evangelista tabatin ku mi. Pasobra mi tabata ròf, mi karakter tabata fuerte i nan sistema di presentá Palabra Dios na mi, a yuda ku Dios no tabata laf pa mi. Laf lo tabata si mi a keda sin Dios i muri bai pèrdí.

Tur siman mi tabata tin ku mèldu ketu bai na 'reclassering'. Por sierto mi a haña un bon trahadora ku tabata push mi pa bai Hulanda bèk ku mi yunan i gara mas fuerte na mi bida nobo. Asta den e mesun klas mi trahadó di 'reclassering' tabata ku mi na Havo i tòg e no a husga mi, al kontrario, el a enkurashá mi, esei tambe a pone, mi reflehá i pensa pa un kambio drástiko den mi bida, pasobra dor di mira esnan ku Dios a pone riba mi kaminda pa yuda mi komo un bon ehèmpel, asina humilde i trankil, mi a kuminsá deseá esei mas i mas pa mi mes bida tambe. I no un bida pa loko di sobrebibí i sofoká riba kaya.

Mi no ke esei nunka mas!

Mi tabata mira mi mes un guerero, un luchadó, un hende ku no ta entregá ma resiliente, un hende ku ta kla pa lucha pa alkansá pa loke mi ke, pero sin disiplina i sin un bida spiritual. Mi enfoke tabata robes, riba gana plaka mas lihé i supuestamente fásil pero ku hopi rísiko grandi di bida. Na lugá di konfia riba loke Beibel ta bisa den Mateo 6 versíkulo 33. *"BUSKA REINO DI DIOS I BUSKA PA HASI SU BOLUNTAT PROMÉ I BOSO TA HAÑA E TUR SOBRÁ KOSNAN AKÍ ASERKA."*

E diabel a purba destruí mi bida masha biaha mes den e gara di kriminalidat, ma Dios Su meta pa mi bida tabata muchu mas fuerte. Tabata pa mi logra un bida Spiritual den Kristu, biba kunÉ i huntu ku tur ku kere den Hesus den Su shelu i tera nobo komo sernan Selestial. Dios mes a kita tur e gana di pasa droga, hòrta, hasi froude, paga malu ku malu i revancha.

Mi tin sigur ku e úniko manera pa tabata liberá for di e bida di kaya i kriminalidat, tabata pa yama tur dia riba sanger di Hesus i laga Spiritu di Dios guia mi. Mi a bai pa un reto nobo, esei tabata disiplina i desayuno spiritual, nan dos kombiná mi tabata hasi tur luna. Mi a kita for di medionan sosial i a kuminsá tuma tempu skirbi tur lokual ku mi tabata ker a kita i kambia den mi bida. Loke tambe a yuda hopi tabata pa skirbi metanan pa logra i kada bes ku un a bai bon tabata gradesimentu na Dios i skrap esei for di mi lista. Un bon logro mas, si mi por; no den mi mes forsa ma ku Kristu Hesus!

Ora mi a disidí di laga kaya i kriminalidat: pasa droga, supstansianan ku ta ilegal hiba via èrpòrt di un manera skondí na un otro pais, manera di Kòrsou bai Hulanda sin Duana haña sa, i bai hòrta, kue diferente komestibel i kosnan di uso personal manera paña i hopi otro kos mas den negoshinan na un manera inapropiá i bende nan pa traha sèn, esei no tabata un desishon ku a bai di awe pa mañan. Skohiendo pa Kristu tabata un stap bunita ma hopi duru pasobra mi a kustumbrá di haña sèn na un manera fásil. Pero mas ku mi a konfia Dios i deseá un bida Spiritual profundo i a kombertí, E tabata sòru pa mi di un manera sobrenatural den tur área di mi bida, spesialmente den mi finansa, i El a hasi esei mas di loke mi por a spera i kere. Anto ainda no ta kla pasobra biba pa Dios no ta algu chikí pero grandemente bendishoná.

Kon mi a hasi kambia mi mente pa unu spiritual? Esei no a bai di un dia pa otro. Ántes mi tabata pensa: Kore kaya, traha sèn pa gosa i gasta, kla! Mi forma di pensa tabata determiná pa un gran parti mi kondukta. Anto dor di mi kondukta robes mi a haña mi den situashonnan inaseptabel ku mi ta bisa, mi por a evitá. Anto pa mi por a kambiá mi kondukta di kaya pa un kondukta dediká na Kristu, mi mester a no solamente resa manera nan ta bisa ma tur dia tambe lesa Palabra di Dios, pa asina e Palabra drenta den mi mente i mi kurason i asina transformá mi mente i mi kurason. Asina so mi por a drenta e 'vibe' positivo i spiritual.

Den mi bida tabatin situashonnan difísil ku despues di e enkuentro personal ku Dios ei mi mester a dil ku nan. Tabata ekstremonan ku asta a pone mi desanimá den bida: abandono di mi mayornan, abuso di mi tio i di strañero, kriminalidat, pasa droga, konflikto i agresividat den mi relashonnan di pareha. Tambe diferente puntonan ku a ripití den mi relashon ku mi yunan, manera: edukashon i kuido di mi yunan, ku hopi bes mi no tabata einan pa por a sòru pa nan. Tur tabata situashonnan ku a desepshoná mi asina tantu ku segun tempu tabata pasa mi a sinti ku mi tabata fayando ku Dios. Mi a sinti manera ku mi orashonnan tabata en bano i ku E no tabata skucha mi. Pero awor ku mi ta lesando Beibel manera mester ta mi a bin haña e versíkulo den Romanonan 8:28; "Nos sa ku tur kos ta kontribuí na bienestar di esnan ku ta stima Dios...'. Pues ku tur loke mi a pasa den mi a bin realisá ku tin kos ku Dios ta hasi i otro kos ku E ta permití mi pasa den. Esei mi por yam'e "Lès di Bida", i manera hende grandinan ta bisa; "Boluntat di Dios."

Ora mi a laga kriminalidat, i segun mi tabata kana e proseso ku tabata dependé di mi mes esfuerso i ánimo, mi relashon ku mi yunan, amistatnan, mayornan, i spesialmente ku Dios tabata krese. Dor di un relashon hopi íntimo profundo ku Dios, mi por a eksperensiá madures spiritual tambe. E lucha kontra e deseonan di karni i kriminalidat tabata un lucha feros, den kua mi mester a para firme i bringa te e dia ku mi kurpa terenal muri. No dor di bira emoshonal pero spiritual.

Kriminalidat a hiba mi mas den perdishon ku logro. Úniko manera ku mi a prosperá spiritualmente ta dor di konstantemente ta den e gimnasio spiritual i mantené komunion ku Señor, asta ora mi ta di vakashon na un otro pais. E training spiritual no tin fin. Ta meskos ku ora mi a studia ICT i mi no a sigui praktik'é mas mi a pèrdè e konosementu pa falta di no a sigui praktiká i mester a bai di nobo pa 'upgrade'.

09

KAMBIO... BIDA NOBO

*M*i eksperensia spiritual; e promé stap tabata aseptá Kristu di mi mes banda sin ku Mama, Tata òf Tanchinan a pusha mi aden. Ku mi mes boka mi a konfesá i a pidi Kristu bin biba den mi kurason. Mi a asta batisá i a dera tur piká leu. Aunke ku mi tin ku bisa honestamente ku ora mi a skohe pa laga kaya pa Kristu, diabel no tabata kontentu niun ratu so. Mesora el a kuminsá bin ku su trampanan, pero segun mi a keda lesa Beibel, bai iglesia buska kara di Dios for 'real', mi a bin laga lòs tiki tiki for di kosnan di mundu. Ki un kambio! Hopi aliviá i dushi mi a sinti mi, un alivio ineksplikabel. Tabata sumamente dushi, un goso ineksplikabel pa sa ku mi a bira yu di Dios berdadero i ku mi pikánan di mas malu ta tirá mesun leu ku pariba ta fo'i pabou, i mes haltu ku shelu ta for di laman, manera Beibel mes ta bisa.

Ora mi a haña noshon i komprendementu ku loke mi tabata bibando i hasiendo no ta hiba mi shelu ni agradá Dios i tambe ripará ku den mundu akí ni ku tur e plaka i material ku mi tabatin mi no por a solushoná e pèrdidanan ku mi a pasa den, mi a kuminsá dal stap pa un mihó kambio sin tin ku hasi maldat. Mi a haña un mishon nobo den bida.

Semper den bida mundano mi a trata pa logra metanan di kaya pero ora mi a disidí di biba pa Dios mi a bin kapta ku no ta ideanan den mi kabes pa traha hopi sèn lo prosperá mi pero kita for di kaya i biba pa Kristu ta mi seguridat den tur área: finansiero, relashonal i ku mi yunan, famianan, amistatnan i asta enemigunan. Pasobra mi a siña pa pordoná i laga lòs. Hende grandi ta bisa: "nan ta mara bu" pero esei no ta e palabra korekto ku mi a bin siña ora mi a kuminsá lesa bukinan Positivo i di Motivashon Spiritual.

Awor ku mi tin Dios i mi ta limpi i pordoná di mi pikánan, mi tin tur kos ku mi tin mester. No manera ántes mas, hòrta pasa, droga i froude. Pero esei ta pasobra mi a rekonosé ku mi a hasi kosnan di bobedat. Ora mi a aseptá Kristu, Su Spiritu Santu a kuminsá guia mi bida i revelá na mi kon mi mester bai pa e kambio. I Nò, mi no ta bai gaña, e no tabata fásil den promé instante, pasobra e desishon ta un proseso di kita kosnan for di mi bida i tambe mi mester a stòp di hasi algun kos manera: stòp di papia palabra malu, stòp di skucha músika malu i mal konseho, stòp di mira mal pelíkulanan i stòp di frekuentá sierto lugánan ku no tabata bon, etc. Pero mas mi a profundisá mi mes den Palabra di Dios ku ta e Beibel, lesando fo'i kuminsamentu te kabamentu, esta Tèstamènt Bieu i Tèstamènt Nobo, mi a bin topa ku mi pikánan i loke ku mi tabata falta. Esaki sin pastor òf otro hende mester a mustra mi dede, mi a lesa ku atenshon i Spiritu Santu di Dios a hala mi atenshon, asina mi a pone tur kos stap pa stap den akshon. Te awe ainda, mi ta biba un bida super bon sin tin ku 'hustle' òf 'struggle'. Gradesido na Dios.

Loke ta yuda mi tur dia ta Palabra di Dios. Asina ku mi lesa loke tin pará skirbí den Beibel, mi ta pidi Dios tur dia asin'aki: Renobá mi mente, Renobá mi kurason! i laga diabel sa ku ni maske kiko pasa, bashí, morto, abandono, rechaso, relashon kibrá, yunan rebeldiá, famianan bai, amistatnan falsu, ami no ta bai nunka mas bèk den e bida di maldat, kriminalidat i piká.

Den kaya mi tabata yama mi mes: 'Husseler'. Awèl den kaminda di Señor, e kaminda bon, mi ta sigui komo un 'Guerera di Dios'. 'Ready steady' pa e bida nobo ku Kristu tin pa mi. I no pa mi so ma tambe pa tur ku skohe P'E.

Un pregunta ku tabata dal den mi kabes tabata; si mi muri unda mi ta bai? Tambe si mundu kaba na unda lo mi pasa eternidat? I manera Beibel ta bisa i e iglesianan tambe ta prediká, ku Kristu Su binida ta serka, lo mi ta prepará i kla pa bai?

Ora mi a bai lesa den Beibel pa mi mes deskubrí mi fayonan i mi pikánan i tambe kua speransa mi por tin, mi a riparár ku mi no ta kla pa bai. Mirando tambe tur loke ta pasando den e mundu akí, e úniko solushon ta skohe pa Dios i pa sirbi Dios te final, pa asina haña seguridat i bida eterno.

Mi a tuma e stap di aseptá pordon di Dios i asina mi por a pordoná mi mes i pordoná otro, i tambe laga lòs di tur loke mi a hasi robes den mi mes bida. Mi a sali for di un famia disfunshonal esta un famia ku no ta funshoná manera Dios a stipulá. Sin amor berdadero, sin rèspèt, tende palabra malu aki aya, enfoká riba plaka so sin un fundeshi di Kristu i sin un fundeshi spiritualmente. P'esei tur loke mi mama i mi tata i famianan a laga mi sinti tabata bandoná i no stimá, i den Kristu mi por pordoná nan maske ta di un banda so, ami tin mi pas mental i por atendé ku nan sin renkor mas. Den Kristu pordon ta bin di tur dos banda pero kaya ta siña otro, wowo pa wowo i djente pa djente, mihó solushon ta pa kuminsá konfesá i pidi pordon na Dios i na nos mes ya asina tiki tiki nos por dal e stapnan den bon direkshon.

Un kos si mi a lesa den Beibel na 1 Korintionan 5 versíkulo 9 te ku 13 tokante ora bandoná e bida bieu di maldat i piká no por keda den mesun gremio di amistat òf hendenan, pa evitá ku e mal spiritunan ei ta bolbe bin bèk i pone bo kai mas profundo di loke bo tabata ántes.

Kambio Spiritual pa ami ta nifiká ku mi tabata biba pa e mundu pues loke mi karni (sentimentu) i mi kurpa tabata deseá, sea bon òf malu mi tabata hasi sin kontrol hibando un bida di libertinahe i hinkando mi mes den problema so i maske mi tabata sinti dushi e tabata algu pasahero. Esei mi a bin kita fo'i dje. Tiki tiki mi a bin siña ku un bida den Dios ta unu di un biba santu i apartá for di piká pasobra bo a arepentí i kombertí (ker men bira bèk di bo bida di piká i aseptá Kristu komo bo Salbador), batisá (no manera katólikonan ta batisá baby sin konosementu) i mesora Spiritu Santu di Dios ta yena bo bida. Anto asina mi a bin sinti kambionan den mi bida sin dependé riba e kosnan di mundu.

Tur e kosnan ku mi a pasa aden, hamas i nunka a deskualifiká mi pa Dios. Señor tin mi destino den Su man i ta usando mi. Mi no tin miedu di ni muri mas ni nada ku pasa mas. Esei ta konta tambe pa tur ku di bèrdat ke kambio Spiritual.

Kaminda mi tabata suak ei mi a bira fuerte dor di pone mi mente positivo i sa ku mi fortalesa ta bin di ariba serka Dios di shelu. Mi a kuminsá ta pensa promé ku mi papia i aktua. Poniendo tur kos riba un rei i wak kiko lo ta e rísikonan i si e kos ei ta kumbiní mi. Mi a reta mi mes ku mi tambe por logra un bida nobo ku kosnan super bunita pero tur mester ta risibí legalmente.

Métodonan nobo ku mi a pone na práktika den mi bida pa mi bira un muhé, mama, amiga i famia tabata; bai bèk i eduká mi mes den Palabra di Dios pa Señor kambia mi bida. Mi a usa 'YouTube' pa mi por a wak i skucha hopi estudionan di Beibel, lesa diferente buki di bida i bida spiritual, skucha kantikanan di 'gospel' tur dia i asta kanta huntu ku nan i deklará e palabranan positivo, bunita i bendishoná pa mi mes bida. Mi a bai iglesia pa skucha Palabra di Dios i buska amistatnan nobo, buska gruponan di orashon riba retnan sosial. Na Hulanda mi a siña e palabranan akí semper: Nunka ta Lat pa Siña i bo no ta Bieu pa bai Skol i Eduká bo mes. Bai pa e Kambio!

Semper mi tabata fasiná ku shòp, ántes mi tabata kumpra paña nobo na un manera super robes ku rísiko di kai será. Mi hòbi tabata landa, kòmpiuter, baila i kushiná. Awor ku mi a kambia mi manera di biba, mi ta stima naturalesa, apresiá e kos di mas chikí, mi ta hasi i mira hopi kos na un manera positivo. Den tur kos òf ku mi sali kas bai pafó mi ta hasi orashon pa protekshon. Mi a pone mi deseonan den un bachi nobo. Awor mi ta gradisí Dios den tur loke mi ta hasi asta ora mi ta kushina. Mi a kuminsá haña balor di bida i mira ku ta Dios a krea e mundu akí bunita i ku meskos ku nos ta sufri naturalesa tambe ta sufri. P'esei mi a stima mi bida, pordoná i bai pa retonan nobo ku ta hiba mi den un dimenshon di shelu.

Otro akshon sumamente importante ku mi mester a siña ta: pordoná mi mes. Mi mester a siña esei promé ku mi por a kambia kompletamente. Esei mi a hasi dor di menshoná tur loke a pasa ku mi i tur loke ku a desapuntá mi di mi manera di aktua den pasado. Pasobra mi tabata karga un rabia i revancha kontra mi mes, famia, eks-amistatnan i eks- parehanan. Pordoná mi mes ku mi a permití kriminalidat dominá mi bida. Asina ku mi a siña esei i a praktik'é mi a bin haña un alivio i sinti mi mashá aliviá. Mi a deseá kambio despues mas ainda, ora mi a mira ku tòg tin hende bon riba e mundu akí. Importante ta hasi manera Beibel ta bisa; 'konfesá boso pikánan un na otro'. Pero esei no ta nifiká pa konfesá na kualke hende pa loko. Ami a siña bai promé serka Dios mi mes, kaba serka un persona dediká na Dios manera pastor, kasá di pastor, òf un lider, esta un ku ta ungí pa skucha i hasi orashon.

Mi ta kòrda kon mi a pidi un kasá di pastor di iglesia "E porta" hasi orashon den prizòn di Kòrsou ku mi despues di a kont'e kuantu rabia mi tabatin riba mi tata ku ni menshoná mi no tabata menshoná su nòmber òf ora hende bisa mi di dje un furia tabata drenta mi. Manera mi a haña orashon mi a yora i a sinti te paden di mi kurason algu a ranka bin pafó i einan mi a sinti gran alivio. Esei tambe tabata un parti di un bida nobo di pordoná i laga bai for di rabia. Aparte di pordoná mi mes, tambe mi mester a deskubrí ken mi ta berdaderamente, ku si mi konosé mi mes i kita e kapa ku mi a pone pa mi no sinti e dolónan di pasado. Dolónan di susesonan ku mi a pasa aden i ku mi a warda den mi kurason.

Poko poko despues ku tempu a sigui bai mi por a bin mira ku mi bida a kambia i ku mi no tabatin falta di nada. Dios a yena mi bashí den tur área. Mi problemanan a kuminsá kita mas ku mi a siña konfia Dios i dal e stapnan korekto. Pasobra mi a siña usa e regalo Spiritual ku Hesus a laga pa mi i no hende, mi a bin deskubrí ku mi tin e don i abilidat di motivá, yuda, duna, eduká, i pusha un hende den e kaminda di Señor. Manera ta para skirbi den beibel na Isaias Dios a duna mi un lenga ábil pa animá esnan desanimá. Pero pami por a motiva, juda i enkurasha otro nan ribe kaminda bon di Senjor mi mes tabata tin ku kambia prome.

Komo un persona ku a nase di nobo den e famia di Señor i a bira un hende nobo ku ta deseá kambio, mi a kuminsá pensa riba kosnan bon ku por mantené mi riba e kaminda di Dios i di honor na Señor. Ántes mi tabata ke satisfasé hende pa keda bon mirá òf partisipá ku kriminalidat djis pa komplasé ma segun ku Señor tabata transformá mi, mi a bin siña ku bon pensamentu lo tin komo resultado un manera nobo ku ta agradá Dios i no hende. Tin un dicho ta bisa: "Tur kambio den bida ta kuminsá ku kambio di pensamentu."

Dios a kapasitá mi ku sabiduria pero tòg mi no a us'e pa kaba mi skol tempu mi tabata mas yòn i mi a us'e na un manera robes. Awor ku mi a kambia mi bida mi a haña mas sabiduria nobo i konosementu di Beibel, asta mi a haña smak di logra diferente kursonan. Mi a bai traha i a stima asta e trabou simpel boluntario ku mi tabata hasi, tur mi tareanan mi a hasi ku e amor di Hesus. Awor mi ta kapta mas lihé ora bin situashonnan difísil.

Mi a haña mi yudansa pa ku mi kambio via iglesia "E porta", e tempu ei na Kòrsou, pa asina mi por a desaroyá mi potensialnan a lo máksimo i abundantemente. Mi a tuma kurashi i kara na laira mi a bai bèk komo un bon hende den sosiedat. Mi a hasi uso kompletamente di mi derechonan, inkluso funshoná bèk komo mama di dos yu.

Na momento ku mi a kombertí, Dios a apartá mi di Hulanda pa Austria, El a pone mi leu for di e bida ku por a hinka mi den tentashon. Un bida nobo den Su naturalesa. Tur dia tiki tiki stap pa stap mi a bin mira i komprondé ku Su propósito i plan no ta esun di mi pero mas mihó ku ami mes lo a plania. Manera Yeremias 29:11 ta bisa; 'un plan no di desgrasia...pero di felisidat!'

Dios a mustra mi ku mi bida anterior tabata un perdishon sigur dor di mi desishonnan den pasado. El a revelá i papia klaramente ku mi i E di, Jasmin, 'bo tin ku kambia'. Mayoria biaha mi no tabata skucha Su bos dor di un bida muchu drùk. Pero asina mi a kuminsá dal e stap pa un mihó kambio, kosnan bunita i sobrenatural a kuminsá pasa i ta pasando te dia di awe pa mi. Maske mi ta kai lanta i keda siña mi sa ku mi futuro ta unu briante ku Dios den Su reino. Pasobra E ta stima mi mas di loke mi por a sinti. Mi lo sigui lucha sigur den e kareda spiritual akí te final.

E kambio tabata posibel pa mi i mi tin sigur ku otro tambe por, basta nan ke i pèrkurá pa haña un kurason i un spiritu nobo den

Señor. Pasobra Dios a ekipá mi ku un don di disernimentu i asina ora diabel ke manda su tentashonnan riba mi, mi ta bisa NÒ na maldat i keda hasi bondat. Hende lo husga i asombrá ora kambio bin, pero esei no a pone mi bèk patras mi a sigui ku e kambio pa mi bida nobo i rekordá mi mes loke Palabra di Dios ta bisa: "ATA TUR KOS BIEU A PASA I TUR KOS A BIRA NOBO!

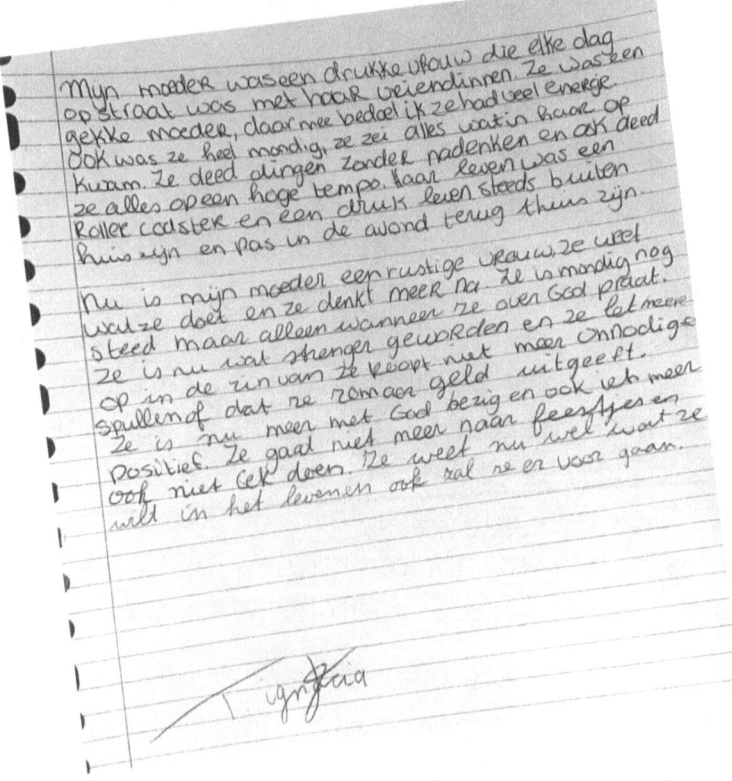

Myn moeder was een drukke vrouw die elke dag op straat was met haar vriendinnen. Ze was een gekke moeder, daarmee bedoel ik ze had veel energie. Ook was ze heel mondig, ze zei alles wat in haar op kwam. Ze deed dingen zonder nadenken en ook deed ze alles op een hoge tempo. Haar leven was een roller coaster en een druk leven steeds buiten huis zijn en pas in de avond terug thuis zijn.

Nu is mijn moeder een rustige vrouw ze weet wat ze doet en ze denkt meer na. Ze is mondig nog steed maar alleen wanneer ze over God praat. Ze is nu wat strenger geworden en ze let meer op in de zin van ze koopt niet meer onnodige spullen of dat ze zomaar geld uitgeeft. Ze is nu meer met God bezig en ook heb meer positief. Ze gaat niet meer naar feestjes en ook niet gek doen. Ze weet nu wel wat ze wilt in het leven en ook zal ze er voor gaan.

www.ingramcontent.com/pod-product-compliance
Lightning Source LLC
Chambersburg PA
CBHW031219120626
46545CB00003B/911